★看世界丛书★

不可不知的古今名人轶事

张　凌　编著

吉林人民出版社

图书在版编目(CIP)数据

不可不知的古今名人轶事 / 张凌编著. -- 长春 : 吉林人民出版社, 2012.7

(看世界丛书)

ISBN 978-7-206-09195-7

Ⅰ. ①不… Ⅱ. ①张… Ⅲ. ①名人 – 生平事迹 – 世界 – 青年读物②名人 – 生平事迹 – 世界 – 少年读物 Ⅳ. ①K811-49

中国版本图书馆 CIP 数据核字(2012)第 149524 号

不可不知的古今名人轶事

BUKE BUZHI DE GUJIN MINGREN YISHI

编　　著:张　凌

责任编辑:韩春娇　　　　　　　　封面设计:七　洱

吉林人民出版　发行(长春市人民大街7548号　邮政编码:130022)

印　　刷:北京市一鑫印务有限公司

开　　本:670mm×950mm　　1/16

印　　张:12　　　　　　　　字　　数:110千字

标准书号:ISBN 978-7-206-09195-7

版　　次:2012年7月第1版　　印　　次:2023年6月第3次印刷

定　　价:38.00元

目录
CONTENTS

目录
CONTENTS

目录 CONTENTS

目录 CONTENTS

屈原投江

这是公元前278年初夏的事了。在洞庭湖边上，有个面容憔悴，身体瘦弱的老人，一边踱步一边低吟着悲愤和哀痛的诗句。一个渔夫驾着小船经过那里，见了他，就停下来问道："您不是三闾大夫屈原先生吗？为什么弄成这个样子呢？"屈原叹了一口气，回答说："人世一片混浊，独有我是清白的，众人都在沉醉，独有我是醒着的，为此我被流放出来了。"渔夫又问："我听说圣人的处事哲学是随机应变的，您还是随波逐流好了，何苦坚持'清''醒'，而被流放呢？"屈原说："刚洗好头的人，一定要把帽子掸一掸，刚洗完澡的人，一定要把衣服抖一抖，这些都为的是去掉灰尘。我堂堂清白的人，宁愿葬身鱼腹，也不能让肮脏东西来玷污了躯体！"渔夫听了，飘然而去。屈原感慨万千，就又作了一首《怀沙》诗，诗里说："刓方以为圜兮，常度未替；易初本迪兮，君子所鄙。"又说"世溷浊莫吾知，人心不可谓兮。知死不可让，愿以爱兮。"作完这首诗不久，他来到湘江的支流汨罗江边，抱起一块石头，纵身跃进了江里。一位伟大的诗人，就这样结束了他62年的生命。

屈原为什么要自杀？从《怀沙》里可以知道，他是一位有志之士，是为自己的理想而献身的。可是，具体情况是怎样的呢？这话说来就长了。

屈原名叫屈平，“原”是他的字。他出生在战国时代楚国的一个贵族家庭里。那时候，有七个大的诸侯国——秦、魏、韩、赵、燕、齐、楚，各占一方，互相争雄。当时历史的总趋势是由分裂走向统一，所以各国都想消灭别国，壮大自己，互相间的政治和军事斗争很激烈，形势变化很快。在七雄当中，位于现在陕西一带的秦国，由于较早地实行了政治改革，推行富国强兵政策，实力最强，它对六国采取各个击破、逐步蚕食的方针，各国都有些怕它。秦国之下，就应数到齐国和楚国。楚国幅员最大，包括了长江中下游的绝大部分地方，人口和军队也多。它本来也具备统一全中国的条件，可是由于政治腐败，所以楚国虽大而实力不强。楚国必须进行一番彻底地整顿和改革，才有希望。而屈原就是竭力主张楚国实行改革的政治家。屈原从小就在父亲的严格教育和自己的不断努力下，养成了优美的情操和高尚的品德，同时他又有着出色的政治才干。因此，他踏进楚国朝廷不久，就博得了很高的声誉。楚怀王很赏识他，叫他当了“左徒”这一仅次于宰相的大官，把内政外交方面的许多重大事务都交他处理。屈原清醒地估计了形势，知道要使楚国强大起来，必须采取根本性措施，对内实行政治改革，对外推行联合齐国抗击秦国的方针。怀王被他说服，同意改革，叫他起草实行改革的根本法令——“宪令”，于是屈原就把自己的政治理想都写进“宪令”里去。他提出要实行

“美政”；要“举贤授能”，就是选拔贤才，给真正能干的人官做；要明“法度”，就是制定法律，取缔贵族官僚的某些非法特权等等。屈原的这些主张具有进步意义。

改革的消息传出去以后，那帮腐败透顶的贵族官僚们人人惶恐，个个危惧。他们知道，自己作恶多端，任何改革措施都必然先要整到他们头上。于是他们勾结成一气，有的到屈原这里来夺“宪令”草稿看，有的到怀王那边去说坏话，告恶状。由于这帮人里面包括有怀王的小老婆郑袖，小儿子子兰，还有许多大官，所以势力很大。楚怀王是个软耳朵的人，他听了这帮人的造谣中伤，对于改革事业就动摇后悔起来。屈原据理力争，无奈怀王十分昏庸糊涂，不但听不进屈原的意见，还发怒疏远了他。于是一场改革失败了，楚国的朝政又完全落入腐败官僚们的掌握之中。这帮人只顾自己争权夺利，过着醉生梦死的生活，哪里管什么国家的安危，人民的死活？

秦国本来唯恐楚国强大起来，现在一看屈原失了势，高兴得不得了，马上抓住机会，对楚国软硬兼施，又骗又打。首先他们派了宰相张仪到楚国来搞收买贿赂，使楚国改变联齐抗秦的方针。张仪是个著名的“纵横家”，专会搞阴谋诡计。他本是魏国人，为了捞取名利，就跑到秦国去，凭着三寸不烂之舌，使秦王相信了他，让他当了宰相。这个毫无节操的无耻之徒，为了显示他的权势，曾经带了秦兵去打他的故国魏国。现在他又跑到楚国来，对楚怀王说：“秦国最恨的就是齐国，大王您何苦跟齐国扯在一起，同秦国作对呢？您只要跟齐国断绝关系，我们秦国就送给您600里土地。”张仪又私下送给郑袖等人许多礼物，叫他们煽动楚王亲秦绝齐。对于这个骗局，屈原一眼就看穿了，他向怀王分析利弊，劝怀王千万不要上当。可是怀王毫无主见，居然相信了张仪的话，为了得600里土地而同齐国绝了交。他还特地派了一个勇士，跑到齐国去把齐王臭骂了一顿，惹得齐王大怒，结果，楚国就失去了一个同盟大国。这样做了以后，怀王就派人到秦国去要那600里土地。可是张仪却大要无赖，他说：“哪里有什么600里土地的事儿呀？我答应的是六里，是楚王自己听错了吧？”

怀王这才知道上了当，他恼羞成怒，发了大军去打秦国。楚国由于军队腐败，没有战斗力，加上齐国不来支援，结果吃了大败仗。楚怀王不但没拿到600里地，反而把原属楚国的汉中地区也丢了。

屈原自从被怀王疏远，就不再作“左徒”了。怀王伐秦失败之后，又想同齐国联合，就派屈原作使臣，去完成这个繁难的任务。秦国怕楚、齐两国真的又好起来，于是主动提出送还汉中土地的一半来讲和。怀王表示不要土地，只要秦国把张仪交出来。张仪居然自己又来到了楚国，楚怀王囚禁了他。但是张仪买通了楚王的近臣和郑袖。等到屈原经过许多艰苦和周折同齐国谈判成功，重订邦交回来的时候，楚王已经把张仪放了。接着，秦国又来一手软的，他们提议秦楚两国联姻结亲，请怀王到秦国去，说这样两国就永远和好了。屈原看出这又是一个阴谋，他说：“秦是虎狼之国，不能相信它，还是不去为好。”可是子兰等人却极力怂恿怀王去。果然怀王一到秦国，秦王就要挟他割地，他不答应，就被禁闭起来。怀王没做成女婿，倒做了囚犯，他连病带气，不久就死在秦国。

怀王死后，他的儿子楚襄王继位。这个新国王同他父亲一样昏聩，暴戾的程度却大大超过他的父亲。他受不了屈原那种直率的批评，因此对屈原疏远、憎恶，终于把屈原削职流放出去。屈原在流放途中，走遍了现在湖南湖北的许多地方。他眼看国势一天天衰落，心里有说不出的痛苦。他写了许多诗，诗里充满着忧国忧民的情感。他在荒僻的地区过了好几年，尽管身受严重的迫害，但是一直怀抱着希望，总想楚王能够接受事实的无情教训而悔悟过来，重新任用他来把国家治理好。可是希望越来越渺茫了。楚襄王二十一年（公元前298年），秦国发大兵攻楚，直捣楚国都城郢，把虚弱不堪的楚国打得落花流水，楚王和大臣们像鸟兽一样四处逃窜。在这种情势下，屈原感到楚国的一切都完了，而对他个人来说，楚国一亡，他的一切理想、希望就都归于破灭，他生活在这世界上也就毫无意义。因此，他投入汨罗江自尽了。

总之，屈原是一个进步的政治家，他为了实现先进的政治理想而进行不屈不挠的斗争。正如他诗里所写的，“亦余心之所善兮，虽九死其犹未悔”，“虽体解吾犹未变兮，岂余心之可惩”。

屈原又是一个卓越的爱国者。他对楚国怀有极深挚的感情。他的终生目标，就是要使楚国强盛起来，进而统一中国。

使他日夜焦虑的不是自身面临的祸害，而是唯恐楚国像一辆破车似的倾覆。屈原的爱国，同当时那批“纵横家”的所作所为形成鲜明对照。最著名的“纵横家”就是苏秦和张仪，他们只要能牟到私利，可以为任何国家任何政权卖力。“朝秦暮楚”，说的就是这帮人的行径。同这批政治投机家相比，屈原的形象真不知要高大多少倍！

当然，屈原还是一个伟大的文学家、诗人。屈原一生写了许多诗，遗留下来的有二十多篇，包括《离骚》《九歌》《九章》《天问》等。

屈原最重要的作品，是长篇抒情诗《离骚》。“离”是离别，“骚”是忧愁，“离骚”就是去国离家的忧愁。诗人在作品里全面回顾了自己的斗争经历，一再表明了自己的高洁心志，同时对楚国宫廷里的黑暗势力作了深刻的揭露和批判。全诗分三大部分。第一部分从自己的家世出身、能力才学写起，说到怎样立志推行“美政”，但遭到一帮阴险的家伙的破坏，而楚王又出尔反尔，中途变卦，致使改革事业夭折失败。在第二部分里，诗人坚信自己的主张既合乎古代圣贤的遗训，也体现了人民的愿望，他决心坚持正义，不怕迫害，继续斗争。诗人写道：“路漫漫其修远兮，吾将上下而求索”。这两句诗充分表现了一个爱国者对真理的顽强追求精神。鲁迅先生很喜欢这两句，曾经把这作为《彷徨》的扉页题词。屈原接着又写他的具体“求索”经过。他驾起龙车，到天庭里去寻求自己的理想境界。然而刚到天国的大门口，就被看门人挡了驾。登天不成，诗人又转而去求几位传说中的美女，然而这也落了空。这一切，象征着追求理想的破灭。诗篇进入第三部分，先写诗人按照神灵的启示，决定离开楚国去遨游世界。但是正当他一切准备就绪，上升到云端里打算启程的时候，回头看到了故乡楚国的风光，历历在目，分外可爱。于是车夫悲伤起来，马也驻足不前，终于又留了下来。最后诗人表示决心以身殉国，他写道："已矣哉！国无人莫我知兮，又何怀乎故都？既莫足与为美政兮，吾将从彭咸之所居。"彭咸是传说中殷代的贤明大夫，因为国君拒绝他的批评建议，投水而死。这篇长诗，内容丰富，感情强烈，规模庞大，结构宏伟，犹如一幅巨型画卷，多彩多姿，淋漓尽致地表现了诗人和他的时代的面貌，它是我国诗歌发展史上的一个里程碑。

屈原的这些作品，不但思想内容好，而且艺术上也很出色。诗人常常把对现实生活的描写，同神话传说的叙述交织融合在一起。他的想象力真是特别地丰富发达。像《离骚》中关于上天入地追求理想的描写，就非常神奇。诗人幻想着自己坐了有龙凤牵拉回护的彩车，从南方的苍梧出发，经过一天的巡游，傍晚到达昆仑山上神仙居住的"悬圃"。他叫太阳的车夫羲和慢些走，不要急着日薄西山，好让他继续寻找理想。这时候，那月亮的车夫、专管刮风的风伯、管打雷的雷师，还有云神等全都来了，在他前后左右飞翔，随着他一道前进，真是神妙壮丽极了。此外，屈原还很喜欢大量使用比喻、夸张等艺术手法，如以香草比喻优美的品德，以栽种香草比喻培养人才，以香草变味比喻好人变坏，以服装高雅比喻志气高洁，以禽兽的好坏比喻人的善恶，以车辆马匹的漂亮比喻政治道路的正确，以车子翻掉比喻国家的败亡，等等，这些也都大大加强了诗歌的艺术魅力。还有，诗人在作品里写进了不少当时楚国的方言土语，增加了地方色彩。总之，屈原的诗歌呈现出色彩非常浓郁、画面十分神奇瑰丽的特点，具有强烈的积极浪漫主义的风格。在我国文学史上，人们常把《诗经》这部诗歌总集作为现实主义诗歌的起点，而把屈原的作品当作浪漫主义诗歌的最早代表。

屈原在生前郁郁不得志，很不幸，死后却博得人们的长远怀念。汉代的司马迁说《离骚》可以同日月争光，唐代的李白也曾在诗里写道："屈平辞赋悬日月，楚王台榭空山丘。"他们以大文学家的身份，对屈原是如此推崇备至！特别要指出的是，屈原还受到广大劳动人民的长久敬仰和怀念，这在我国古代文学家当中，可以说是绝无而仅有的。屈原死在五月初五日，人民把这一天当作一个节日，即端午节。我国南方广大地区过去有个风俗，每到这一天就要举行群众性的划龙船比赛，比赛时吸引了成千上万的观众。据说划龙船就是表示救屈原的意思。我国人民每到端午节就要吃粽子，据说这也同屈原有关。最初是汨罗江边的人民为祭祀屈原，把米包成的粽子投进水里去喂鱼，使鱼吃饱了不再去吃屈原的尸体，后来这习惯传遍了全国，甚至还传到了朝鲜、日本、东南亚各国。全国人民这样热爱他，怀念他，还有什么比这更能说明一个诗人的伟大呢！

司马迁发愤写《史记》

司马迁，字子长，生活在汉代武帝时期。他的父亲叫司马谈，是个很有学问的人，担任着“太史令”的官职。在上古时候，“太史令”这一职务常常是祖传世袭的，专管天文、历法和历史文献。这本来是一项科学工作，可是愚昧无知的统治者，却总是把它同求神问卜的“巫”“祝”等迷信活动列在一起，所以太史令的社会地位并不高。司马迁由于家里穷，从小在老家龙门（今陕西韩城）乡下种地、放牧。十来岁的时候，他到了首都长安，开始学习古文。由于勤奋读书，虚心向一些学者请教，他的知识大增。青年时代，他求知欲强，有远大志向。20岁时，为了开阔眼界，他到各地游历。他曾经到淮河、长江一带漫游，到现今浙江一带去探访传说中的“禹穴”，到现今湖南一带去考察同历史故事有关的九嶷山，随后又到现今的山东、河南等地转了一大圈，了解各地的风土人情，参观有关的历史古迹。此后，他还曾到现在的四川、云南等地为公家办事，又做了广泛的游历。这些游历，极大地丰富了他的学识。30岁左右，他开始在朝廷里当“郎中”，这是侍卫一类的小官儿。36岁那年，他跟着汉武帝到泰山上去“封禅”。“封禅”就是到泰山去祭天地。这是一件极为隆重、庄严的典礼，它象征着当今皇上要成为神圣的人物，就像传说里的三皇五帝一样。对这件事，不但武帝本人以及给他出主意的那些儒生、方士们很热心，就是一些官员们也颇为起劲。他们受了迷惑，自以为真的赶上唐虞盛世，都为能够目睹这件难得赶上的盛典而感到幸运。可是司马迁不这样想，他的官虽小，头脑却比那些达官贵人清醒得多，他嘴上不说，心里抱着怀疑的态度。

但是，司马迁的父亲是很信仰“封禅”的，他因病未能参与这件事，心里直恨自己命运不好。一着急，病更重了。他临死前拉着司马迁的手嘱咐说：“我家的祖先在周朝就当太史。我死后，你要接替我的位置，继承祖先的事业，自从孔子死后，至今四百多年了，没有一部像样的史书。我身为太史，没能做成这事，真是担心天下的史籍文化从此断绝了。你一定要把这事儿搁在心里啊！”司马迁一边痛哭一边说：“儿子我虽然笨，也一定要把长辈传下来的史实都写下来，绝不敢疏忽。”

司马谈死后第三年，司马迁被任命为太史令。为着实现自己的誓言，他开始整理皇家的藏书以及各种文献资料。从那一大堆杂乱的断简残编里，把一桩桩历史事件理出头绪，真不知付出了多少心血啊。有了丰富的史料准备，司马迁就着手写作《史记》。可是，在他48岁那年，巨大的不幸落到他身上了。

原来，那时候汉朝和北方的匈奴民族连年进行着大规模的战争。有一个名叫李陵的将军，是世代名将出身，他率领着5 000步兵担任汉朝军队的一翼。在战斗当中，他深入敌方几千里，同其他部队失掉了联系，被敌人主力八万骑兵包围了起来。他大战十多天，杀了许多敌人，最后粮尽矢绝，伤亡惨重，被迫投降了匈奴。汉武帝得知这个消息，极不高兴。一天，武帝把司马迁找了去，问他对李陵这件事的看法。司马迁很坦率地表示，根据李陵的为人和敌我实力对比的分析，李陵是有功劳的，他的投降一定是万不得已的，看来只要有机会，他是会报答汉朝的。武帝一听就发起火来。他认为司马迁赞扬李陵，就是贬低另一个同时出征的将军李广利，而这个李广利，是武帝很宠爱的李夫人的哥哥。因此，他把司马迁关进了监狱。当时的罪犯是可以用出钱的办法赎的。司马迁家里拿不出很多钱来，所以他只好蹲在狱里，听凭判刑。结果是很冤枉地被判了个“腐刑”。“腐刑”又叫“宫刑”，就是剜掉男子的睾丸，这种刑罚很残酷，是对人格的极大侮辱。司马迁本想不受这种刑罚，死掉算了，可是又觉得这样一死岂不轻于鸿毛，应当留着生命，去完成有意义的事业。于是，他忍辱接受了“腐刑”。

司马迁受到这样的打击，精神上的痛苦更甚于肉体上的被摧残。但是，撰写《史记》的崇高理想鼓舞着他，使他顽强地活下去，并且勤奋地写作。到50多岁的时候，他终于把《史记》写完了。

司马迁为我们留下的《史记》，在我国史学史和文学史上都占有极为重要的地位，在国际上也享有盛誉。对这部书，鲁迅先生评价它是“史家之绝唱，无韵之《离骚》”，这一评价是非常中肯的。

苏东坡与佛印

苏东坡在杭州，喜欢与西湖寺僧交朋友。他和圣山寺佛印和尚最要好，两人饮酒吟诗之余，还常常开玩笑。佛印老实，老被苏轼欺负。苏轼有时候占了便宜很高兴，回家就喜欢跟他那个才女妹妹苏小妹说。

一天，两人又在一起打坐。苏轼问："你看看我像什么啊？"佛印说："我看你像尊佛。"苏轼听后大笑，对佛印说："你知道我看你坐在那儿像什么？就活像一摊牛粪。"这一次，佛印又吃了哑巴亏。

苏轼回家就在苏小妹面前炫耀这件事。苏小妹冷笑一下对哥哥说，就你这个悟性还参禅呢，你知道参禅的人最讲究的是什么？是见心见性，你心中有眼中就有。佛印说看你像尊佛，那说明他心中有尊佛；你说佛印像牛粪，想想你心里有什么吧！

苏东坡和黄庭坚住在金山寺中。有一天，他们打面饼吃。二人商量好，这次打饼，不告诉寺中的佛印和尚。过了一会儿，饼熟了，两人算过数目，先把饼献到观音菩萨座前，殷勤下拜，祷告一番。不料佛印预先已藏在神帐中，趁二人下跪祷告时，伸手偷了两块饼。苏轼拜完之后，起身一看，少了两块饼，便又跪下祷告说：“观音菩萨如此神通，吃了两块饼，为何不出来见面？”佛印在帐中答道：“我如果有面，就与你们合伙做几块吃吃，岂敢空来打扰？”

佛印和尚好吃，每逢苏东坡宴会请客，他总是不请自来。有一天晚上，苏东坡邀请黄庭坚去游西湖，船上备了许多酒菜。游船离岸，苏东坡笑着对黄庭坚说：“佛印每次聚会都要赶到，今晚我们乘船到湖中去喝酒吟诗，玩个痛快，他无论如何也来不了啦。”谁知佛印和尚老早打听到苏东坡要与黄庭坚游湖，就预先在他俩没有上船的时候，躲在船舱板底下藏了起来。

明月当空，凉风送爽，荷香满湖，游船慢慢地来到西湖三塔，苏东坡把着酒杯，拈着胡须，高兴地对黄庭坚说：“今天没有佛印，我们倒也清静，先来个行酒令，前两句要用即景，后两句要用‘哉’字结尾。”黄庭坚说：“好吧！”苏东坡先说：“浮云拨开，明月出来，天何言哉？天何言哉？”黄庭坚望着满湖荷花，接着说道：“莲萍拨开，游鱼出来，得其所哉！得其所哉！”

这时候，佛印在船舱板底下早已忍不住了，一听黄庭坚说罢，就把船舱板推开，爬了出来，说道：“船板拨开，佛印出来，憋煞人哉！憋煞人哉！”

苏东坡和黄庭坚，看见船板底下突然爬出一个人来，吓了一大跳，仔细一看，原来是佛印，又听他说出这样的四句诗，禁不住都哈哈大笑起来。

苏东坡拉着佛印就座，说道："你藏得好，对得也妙，今天到底又被你吃上了!"于是，三人赏月游湖，谈笑风生。

李白求师

李白晚年，政治上很不得志，他怀着愁闷的心情往返于宣城、南陵、歙县、采石等地，写诗饮酒、漫游名山大川。

一天清晨，李白象往日一样，在歙县城街头的一家酒店买酒，忽听隔壁的柴草行里有人在问话："老人家，你这么一大把年纪，怎么能挑这么多柴草，你家住哪?"

回答的是一阵爽朗的大笑声。接着，便听见有人在高声吟诗：

"负薪朝出卖，沽酒日西归。

借问家何处？穿云入翠微!"

李白听了，不觉一惊。这是谁？竟随口吟出这样动人的诗句！他问酒保，酒保告诉他：这是一位叫许宣平的老翁，他恨透了官府，看穿了世俗，隐居深山，但谁也不知道他住在哪座山里。最近，他常到这一带来游历，每天天一亮，就见他挑柴进镇，柴担上挂着花瓢和曲竹杖。卖掉柴就打酒喝，喝醉了就吟诗，一路走一路吟，过路的人还以为他是疯子。

李白暗想：这不是和自己一样的"诗狂"吗？他马上转身

出门，只见那老翁上了街头的小桥，虽然步履艰难，但李白无论怎么赶也赶不上。

追上小桥，穿过竹林，绕过江汉，李白累得气喘吁吁，腰酸腿痛，定神一看，老翁早已无影无踪了。李白顿足长叹，“莫不是我真的遇上了仙人！”

他撩起袍子又赶了一程，还是不见老翁，只好失望地回来。

那天夜里，李白怎么也睡不着，回想起自己大半辈子除了杜甫之外，还没结识到几个真正的诗友。没想到今天竟遇上这样一个诗仙，可不能错过机会，一定要找到他！

第二天，李白在柴草行门口一直等到日薄西山，也不见老翁踪迹。

第三天，第四天，天天落空。

第五天一早，李白背起酒壶，带着干粮上路了。他下了最大的决心，找不到老翁，就是死也要死在这儿的山林里。

翻过座座开满野花的山冈，蹚过道道湍急的溪流，拨开丛丛荆棘，整整一个多月，还是没见老翁的影子。李白有点泄气了。正在这时候，他回想起少年时碰到的那位用铁杵磨针的婆婆，婆婆说得好：“只要有决心，铁杵磨成针。”要想找到老翁，就看自己有没有毅力了。想到这里，李白紧紧腰带，咬咬牙，又往前走。累了，趴在岩石上睡一会；饿了，摘一把野果充饥；酒瘾上来，就捧着酒壶美美地喝上一口。

这天黄昏，晚霞把天空染得通红通红，清泉与翠竹互为衬托，显得分外秀丽。李白一心惦念着老翁，哪顾得欣赏景色。他拖着疲惫的身子，一瘸一拐地来到黄山附近的紫阳山下。转过山口，只见前面立着一块巨石，上面似乎还刻着字。李白忘记了疲劳，一头扑上去，仔细辨认起来，哦，原来是一首诗：

“隐居三十载，筑室南山巅。
静夜玩明月，闲朝饮碧泉。
樵夫歌垄上，谷鸟戏岩前。
乐矣不知老，都忘甲子年。”

连读三遍，李白失声叫道：“妙哉！妙哉！真是仙人之声哪！”心想：见到老翁，一定得拜他三拜，好好请教请教。虽说自己也跟诗打了几十年交道，但这散发着野花香味的诗还真是头回领略。

他回转身，看见崖石边的平地上摊着一堆稻谷，看来，准是许宣平老翁晒的。李白索性往边上一蹲，一边欣赏山中的景致，一边等老翁来收谷。

天黑了，李白忽听到山下传来阵阵击水声，循声望去，只见山下的小河对岸划来一只小船，一位须发飘飘的老人立在船头弄桨。李白上前询问道：“老人家，请问，许宣平老翁家在何处？”

原来这老人正是李白要找的许宣平老翁，上次他见李白身穿御赐锦袍，以为又是官家派来找他去做官的，所以再也不愿去歙县城了。没料到，此人竟跟踪而来。这时，老人瞟了李白一眼，随手指指船篱，漫不经心地答道："门口一杆竹，便是许翁家！"

李白抬眼望了望郁郁葱葱的山峦，又问："处处皆青竹，何处去找寻？"

老人重新打量着这位风尘仆仆、满脸汗水的客人，反问道："你是……"

"我是李白。"说着，深深地一揖。

老人愣住了："你是李白？李白就是你？"

李白连忙说明了自己的来意。

老人一听，双手一拱："哎呀，你是当今的诗仙！我算什么，不过是诗海里的一滴水罢了。你这大海怎么来向一滴水求教，实在不敢当，不敢当！"说完，撑起船就要往回走。

李白一把拉住老翁的衣袖，苦苦哀求道："老人家，三个月了，我风风雨雨到处找你，好不容易见到了老师，难道就这样打发我回去不成！"

李白真挚的话语打动了老人的心。两人对视了好久，老人猛地拉住李白，跳上了小船。

从此，无论在漫天的朝霞里，还是在落日的余晖中，人们经常看到李白和这位老人，坐在溪水边的大青石上饮酒吟诗。那朗朗的笑声，和飞瀑的喧哗声汇成一片，随溪水一起送到百里千里之外……

至今，许多游人一到黄山，总爱顺着淙淙的溪水，去追寻李白的游踪。

看见了吗？过虎头岩，在鸣弦泉下，有一块刻着“醉石”二字的巨石，传说，当年李白和老人就在这里欣赏山景，饮酒吟诗。他们经常用旁边的泉水来洗酒杯，所以这泉就叫“洗杯泉”。

心系国家的杜甫

唐代宗大历五年（公元770年）深秋，59岁的杜甫蜷缩在一条破旧的小船里，在湘江上漂泊。他面色蜡黄，骨瘦如柴，贫困和疾病已把他折磨得奄奄一息。他伏枕僵卧着，已有好几天没有进过餐了。不是不想吃，而是没有东西可吃。他断断续续地叹息着，呻吟着，知道自己已经到了生命的最后时刻。忽然，他睁开了双眼，眼睛里闪现着兴奋的光芒，他想起了自己的童年、青年和壮年，那一幕幕激动人心的生活场景，宛在目前……

他出生在巩县的一个知识分子家庭。晋代的著名学者、军事家杜预是他的远祖，祖父杜审言是武则天时代的著名诗人。杜甫自幼聪慧勤学。他7岁时就能作诗，咏了一篇“凤凰诗”，一鸣惊人。9岁的时候，他就能挥动毛笔，把自己的得意诗作写给大人们看。到了十四五岁，他一方面像一个小牛犊那样天真活泼，一天光爬树少说也要爬十几回，另一方面，在当地诗人们的聚会当中，他已成为不可缺少的常客。年长的人把他称作是当代的班固、扬雄。那班、扬二人是汉代的著名作家，都有大部头作品流传于世。当时有一件使他终生难忘的事：他承先辈们的介绍，到过岐王的王宫，在那里有幸欣赏到了名震一时的歌唱家李龟年的演出。

20岁，这是多么令人欣羡的年龄啊！像出巢的小鸟儿一样，他开始离家到各处漫游。他先到东南方去，那儿自古是山明水秀的鱼米之乡。他从金陵（今南京）到苏州，从苏州到杭州，再到山阴（今浙江绍兴），一路上饱览了秀美的湖光山色，给他年轻的心怀里增添了许多美感和豪情。游过了吴、越，回过头来他又到了齐、赵（山东、河北一带），在辽阔无垠的大平原上，在绵延千里的太行山下，他或者纵马驰骋，左控右射，箭无虚发；或者与好友同行，引吭高歌，新诗新赋，如泉涌出。他有一首《望岳》诗，是在游泰山的时候作的，诗篇描写了泰山无比雄壮的山势和非常美丽的景色，饱含着对祖国山河的一往情深。诗篇最后说：“会当凌绝顶，一览众山小”。在这形象化的语言里，诗人抒发着多么宏伟的攀登高峰的志愿！

唐玄宗天宝三年（公元744年），杜甫在洛阳遇到了他平生最钦佩、最关切、最心心相印的一个人。这个人就是李白。那时候李白44岁，他33岁。李白当时已是名满天下的大诗人，刚从首都长安被排挤出来。他那纵横磅礴的才气，爽朗豪放的性格，以及在长安所做出的不同凡响的“谪仙”式的事迹，都强有力的吸引着杜甫。两人虽然年龄相差较大，却一见如故，情同手足。他们曾两次一起漫游，在河南，在山东，共度了几个月时光。一度加入他们的漫游的，还有著名诗人高适。他们一起登临名胜，凭吊古迹，一起评说前代诗人，畅谈创作甘苦，又一起投亲访友，共叙衷曲。这些终生难忘的场面，时时激励振奋着杜甫的心，乃至几十年以后，仍是他回忆不尽的精神上的宝藏。他一生写过许多首诗，赞颂李白，怀念李白。有一首的题名叫《天末怀李白》。诚然，他即使到了天涯海角，也永远忘不了这位伟大的友人。谁说“文人相轻，自古而然”，李、杜间的伟大友谊万古长青！

在和李白分别两年以后，35岁那年，他满怀信心，踏上了通向首都长安的大路。但是，长安的情形可没有他所设想的那么好。才华盖世的李白刚刚被排挤走，杜甫资望甚浅，又有什么特别办法能在那里站住脚呢？他吃了许多次的闭门羹，直到次年，才好不容易有了一个机会。那一年，唐玄宗下令广求天下有才能之士，到长安来考试。杜甫对这次考试寄予了极大的希望。他哪里料到，主持这件事的宰相李林甫却大搞其鬼。李林甫为人阴险，凡是才能比他强的人，他一概要加以打击排斥。对这次考试，他很害怕，唯恐考生利用答题的机会，来揭发他的隐私，因而早就打定了主意，一个都不录取。所以，尽管杜甫的答卷十分出色，也还是不行。而李林甫却向玄宗报告说：这次考试没有发现一个人才，这说明全国的人才早已被您收罗到朝廷里来了。这叫作“野无遗贤”，是值得大大庆贺的事。既然下了“野无遗贤”的结论，所以“贤路”当然都被堵得死死的，杜甫只好困守长安，一筹莫展。

这时候，他的生活也发生了困难，只好到处求人，乞求帮助：“朝扣富儿门，暮随肥马尘，残杯与冷炙，到处潜悲辛。”在他40岁那年，他向玄宗献上了三篇赋。玄宗以及许多大臣、学士们看了，都很欣赏，就叫他进了“集贤院”，等着宰相去对他做进一步的考核，然后安排职务。可是那宰相还是李林甫，杜甫当然休想有出头的机会。这时候，他的生活已经穷苦不堪，只得把妻子送到奉先（今陕西蒲城）去寄居，不料小儿子竟在那里饿死了。实在没有办法，他只好就任右卫率府胄曹参军，任务是看守兵甲器杖，管理门禁钥匙。这种困苦日子过得愈久，他对朝廷的腐败本质看得也愈透，对社会矛盾的严重性、尖锐性，体会也愈深。这时候，他开始写一些揭露统治阶级罪恶，暴露黑暗现实的作品了。著名的有《兵车行》《丽人行》等，前者描写了玄宗一味用兵，老是打仗，给百姓带来的苦难；后者讽刺杨国忠、杨贵妃兄妹在玄宗庇护下所过的荒淫无度的生活。杜甫还在另一首诗里，出于对现实生活的深刻观察，以“朱门酒肉臭，路有冻死骨”两句，来高度概括当时阶级对立的情况：一面是红漆大门里的达官贵人过着花天酒地的生活，一面是老百姓在死亡线上辗转挣扎。

安史之乱爆发之后，如狼似虎的安禄山军队直捣长安，沿路烧杀抢掠。杜甫在投奔唐肃宗的路上也被叛军俘虏，囚在长安。他目睹了山河破碎、百姓流离的惨状，所以此时所写的诗篇充满了对祖国对人民的深沉的爱和对敌人的强烈的恨。“国破山河在，城春草木深。感时花溅泪，恨别鸟惊心。烽火连三月，家书抵万金。白头搔更短，浑欲不胜簪。”（《春望》）这用血泪写出的诗篇，已成为千古传诵的不朽之作。半年之后，他实在无法忍受囚徒的生活，冒着生命危险逃了出来，跑到凤翔，投奔了唐肃宗。到达凤翔的时候，衣服已经撕得破破烂烂，两只胳膊肘子都露在外面，十分凄惨。唐肃宗看他忠正耿直，委任他做了个“左拾遗”。前面说过，“拾遗”“补阙”都是谏官，职责就是专门向皇帝提意见。不过历史上有几个皇帝是真正愿意听不同意见的？不少当“谏官”的都明白，弄得不好，随时都有得罪皇帝的可能，所以多半采取敷衍态度，察言观色，顺着皇帝的意思，不痛不痒地“谏”几句了事。杜甫不是这种看风使舵的人，他喜欢讲实话，他认为既然当了这个官，就应当尽到职责，所以他认真地对肃宗进行过几次批评。肃宗很快就觉得他说话太不中听，不喜欢他了，只一年多就降了他的官，调他去华州（今陕西华县）做个专管文化教育事务的小官。

那时候，安史的主力虽然已被击败，长安、洛阳两京都已收复，但是叛军的残部还在河北一带猖獗，战事还很险恶。唐朝派了郭子仪、李光弼等名将，统领着六十万大军，想一举攻克叛军盘踞的邺城。但是由于指挥不当，吃了个大败仗。朝廷为应付战局，只得一再广为征兵、征粮，结果又给老百姓增添了重重苦难。杜甫正当着地方上的官，所以他对民间的疾苦有着深切的了解。在这种情况下，他写出了“三吏”“三别”等不朽杰作，深刻反映了时代的面貌。《新安吏》写的是百姓忍痛送子当兵；《潼关吏》写的是潼关守备情况，总结上次潼关失守的教训；《石壕吏》写一家三个儿子都被拉去当兵，其中两个已经战死，现在役吏又来抓老头子，老妈妈不得已，只得自己去替老伴到军营里服役去。《新婚别》写新婚的次日，妻子送丈夫去前线，临别勉励他努力作战；《垂老别》写一个老年人子孙都已阵亡，最后自己扔下拐棍，也去投军；《无家别》写一个军士在邺城被打散回到老家，家中早已成荒丘，他无家可归，只得再次服兵役。“三吏”“三别”写出了战乱年代里人民所蒙受的妻离子散、家破人亡的浩劫，同时又赞扬了他们的坚强性格和伟大的牺牲精神。这些诗无论从内容到形式写得都极为动人，代表了唐代现实主义诗歌创作的最高水平。

杜甫看透了不平的社会。48岁那年，他弃官不做了。经过艰苦的辗转流离，他到了成都。由朋友们帮助，他在成都西郊浣花溪旁修了几间茅屋——草堂。那里风景很美，幽雅宁静，诗人曾经写诗形容说：“两只黄鹂鸣翠柳，一行白鹭上青天。窗含西岭千秋雪，门泊东吴万里船。”杜甫这时候很穷了，为了维持生活，他经常要从事劳动：喂养鸡、鸭、鹅，种植药材、蔬菜、果木、竹子，生活虽然清苦，心情却比那等着当官和正在当官的时候来得愉快。他同劳动人民、左邻右舍的关系也处得十分融洽。他的思想境界更加高尚了。有一年的秋天，一阵狂风刮来，掀掉了草堂的屋顶，他就写了一首诗说：真希望能有巨大的房子千万间，让天下的无数贫苦之士都乐呵呵地住进去，风吹不动，雨打不漏，安稳如山。哪一天这样的大房子出现在我眼前，那么即便我自己在破屋子里被冻死，也感到满意，心甘情愿。

这一时期，他的好友高适和严武先后在成都作做官，都十分关心和照顾他。他53岁的时候，严武推举他作了节度参谋检校工部员外郎。后人把杜甫称为“杜工部”，就是这个原因。这时候，他虽然身在蜀中，却仍然十分关心中原战局。唐代宗广德元年（公元763年），听说朝廷收复了河南、河北，他惊喜交加，写下了著名的《闻官军收河南河北》：

剑外忽传收蓟北，初闻涕泪满衣裳。
却看妻子愁何在，漫卷诗书喜欲狂。
白日放歌须纵酒，青春作伴好还乡。
即从巴峡穿巫峡，便下襄阳向洛阳。

后来严武死了，他没有了依靠，就离开成都逐渐东移。他先是到了夔州（今重庆奉节）。夔州在三峡的上流，依山临江，形势险要。杜甫借寓在这荒僻的山城里，心情很抑郁。他既要为妻儿的生计操心，又要为国家人民的命运担忧。而他的身体也越来越衰弱了，肺病已折磨了他好多个年头，现在是越来越严重。他耳聋眼花，十分消瘦。虽然年仅50多岁，看上去却像个70开外的老翁了。在孤独、同外界隔绝的情况下，他唯有以写诗来排遣哀愁和愤懑。在夔州的短短几年，是他一生里写诗最多的时期，他的现实主义诗歌艺术，也有了更高的成就。例如那首曾被后人推为“古今七言律第一”的《登高》诗，就是这时的产物：

风急天高猿啸哀，渚清沙白鸟飞回。
无边落木萧萧下，不尽长江滚滚来。
万里悲秋常作客，百年多病独登台。
艰难苦恨繁霜鬓，潦倒新停浊酒杯。

艰苦的生活和痛苦的心情，使诗人两鬓如霜，而多病的身体又不允许他饮酒消愁，心里的悲哀该有多么深广！但是，在这深重的悲痛里，我们却又分明感受到，仍有一股雄壮之气盘旋其间。特别是前四句写景，壮烈慷慨的气氛很浓。在写作技巧上，这首诗也很高超。一般人也许不会注意到，它的格律非常之严，它是八句全部对仗的。这种写法比普通的律诗更难，杜甫却写得十分流畅自然，好像格律对他不起什么束缚作用似的。如果不是艺术技巧达到了非常纯熟的地步，那是很难做到这一点的。

夔州那地方人民的生活是很穷苦的。男人多去当纤夫，整天拉着纤绳，同长江的万里激浪搏斗。这工作既劳累又危险，一不小心，就会从陡峭的崖上摔进滚滚江流，连尸体都找不到。女的穿着破烂衣服开荒种地，或者上山打柴，也非常辛苦，由于男人又当兵又服役，死掉很多，她们有的四五十岁还没有出嫁。杜甫写了好几首诗来反映当地人民的痛苦生活。夔州那地方还有不少历史古迹，传说中的诸葛亮布下的“八阵图”，刘备最后居住的白帝城，都在附近；还有汉代著名的“昭君出塞”故事里的主角王昭君，据说她的老家也在那一带；此外战国时期楚国的作家宋玉、南北朝时期的诗人庾信等，也都写过三峡，或者到过三峡。杜甫就在诗里一边“咏怀”这些古人，一边抒发自己的感慨。他同他们虽然身处异代，却都可以找到某种共同之点，“庾信平生最萧瑟，暮年诗赋动江关”，写的既是庾信，也是诗人自己。

杜甫在夔州住了两年，就出三峡来到今湖北、湖南，投奔他的兄弟和亲戚。他在江陵、岳州（今湖南岳阳）、潭州（今湖南长沙）、衡州（今湖南衡阳）等地这里住几个月，那里待一阵子，而更多的时间则是在一条破船上漂泊。在那黑暗的年代里，哪儿有我们诗人的安身之处呢？他路过岳州的时候，曾经拖着病躯，登上著名的岳阳楼，眺望洞庭湖的万顷波涛。他触景生情，写了一首《登岳阳楼》诗：

昔闻洞庭水，今上岳阳楼。

吴楚东南坼，乾坤日夜浮。

亲朋无一字，老病有孤舟。

戎马关山北，凭轩涕泗流。

诗人在描述自己老病孤舟、无家可归的同时，念念不忘北方人民还受到戎马征战之苦。诗中说他倚着栏杆，面对着浩瀚无际的洞庭湖，唯有老泪纵横而已。他真正是到了穷途末路的时候。

杜甫的一生，艰难而辛酸。他虽然有过青少年时期的一段快意生活，但是从中年以后，就长时间地经受着冷遇、被排斥、战乱、被俘、逃亡、饥饿、贫困。由于疾病的折磨，他的身体实在支持不住了。但即使在如此困顿的情况下，他仍然在为天下担忧，他的每一声叹息，都发自那副为国为民的热切心肠。风雨飘摇中的小船仍然停泊在湘江里，船里的伟大诗人凄楚地结束了他的人生旅途。他没有什么财产留给妻子儿女，留下的只是数以千计的诗作。这是他一生心血的结晶，是任何金银珍宝无法比拟的财富。他的这些诗歌，全面而又深刻地反映了安史之乱前后数十年的社会面貌，这是一面时代的镜子，一部形象的历史，它当之无愧地可以称作“诗史”。

“会当凌绝顶，一览众山小”，杜甫实现了他年轻时发出的豪言壮语。他经过几十年的艰苦努力，攀上了一座文学的“绝顶”，在那个时代里，他确实是俯视“众山”的一位诗坛泰斗。杜甫一生敬仰李白，认为李白的诗是“无敌”的。事实上杜甫本人的成就，并不下于李白，应当说他们两人是高下难分的。“李杜文章在，光焰万丈长”，这是比他们稍后的文学家韩愈说的，这话说得很对、很准确。

孔子因材施教

孔子常教导学生要言行一致，不可巧言令色。有一天，子路对孔子说："先生所教的仁义之道，真是令人向往！我所听到的这些道理，应该马上去实行吗？"

孔子说："你有父亲兄长在，他们都需要你去照顾，你怎么能听到这些道理就去实行呢！"孔子恐怕子路还未孝养父兄，就去杀身成仁了。

过了一会儿，冉有也来问："先生！我从您这里听到的那些仁义之道，就应该立即去实行吗？"

孔子说："应该听到后就去实行。"

这下站在一边的公西华被弄糊涂了，不由得问孔子："先生！子路问是否闻而后行，先生说有父兄在，不可以马上就行。冉有问是否闻而后行，先生说应该闻而即行。我弄不明白，请教先生？"

孔子说："冉有为人懦弱，所以要激励他的勇气。子路武勇过人，所以要中和他的暴性。"

冉有的懦弱在《论语》中也记载，冉有曾在权臣季氏的手下做事，季氏为人聚敛暴虐，作为孔子的弟子冉有，明知道这样做不对，不但不敢去劝上司季氏，反而顺从季氏的意愿，为他“聚敛而附益之”，气得孔子大骂冉有“非吾徒也”！并发动学生“鸣鼓而攻之”！如果冉有能够听从孔子的教导，坚持仁义之道，那就不会做出助纣为虐的事来了。

张骞通西域

汉武帝初年的时候，匈奴中有人投降了汉朝。汉武帝从他们的谈话中知道一点西域的情况。他们说有一个月氏国，被匈奴打败，向西逃去，定居在西域一带。他们跟匈奴有仇，想要报复，就是没有人帮助他们。

汉武帝想，月氏既然在匈奴西边。汉朝如果能跟月氏联合起来，切断匈奴跟西域各国的联系，这不是等于切断了匈奴的右胳膊吗？

于是，他下了一道诏书，征求能干的人到月氏去联络。当时，谁也不知道月氏国在哪儿，也不知道有多远。要担负这个任务，可得有很大的勇气。

有个年轻的郎中张骞，觉得这是一件有意义的事，首先应征。由他一带头，别的人胆子也大了，有一百名勇士应了征。有个在长安的匈奴族人叫堂邑父，也愿意跟张骞一块儿去找月氏国。

公元前138年，汉武帝就派张骞带着一百多个人出发去找月氏。但是要到月氏，一定要经过匈奴占领的地界。张骞他们小心地走了几天，还是被匈奴兵发现围住了，全都做了俘虏。

匈奴人没有杀他们，只是派人把他们分散开来管住，只有堂邑父跟张骞住在一起，一住就是十多年。

日子久了，匈奴对他们管得不那么严。张骞跟堂邑父商量了一下，趁匈奴人不防备，骑上两匹快马逃了。

他们一直向西跑了几十天，吃尽苦头，逃出了匈奴地界，没找到月氏，却闯进了另一个国家叫大宛（在今中亚细亚）。

大宛和匈奴是近邻，当地人懂得匈奴话。张骞和堂邑父都能说匈奴话，交谈起来很方便。他们见了大宛王，大宛王早就听说汉朝是个富饶强盛的大国，这会儿听到汉朝的使者到了，很欢迎他们，并且派人护送他们到康居，再由康居到了月氏。

月氏被匈奴打败了以后，迁到大夏附近建立了大月氏国，不想再跟匈奴作战。大月氏国王听了张骞的话，不感兴趣，但是因为张骞是个汉朝的使者，也很有礼貌地接待他。

张骞和堂邑父在大月氏住了一年多，还到大夏去了一次，看到了许多从未见到过的东西。但是他们没能说服大月氏国共同对付匈奴，只好回来。经过匈奴地界，又被扣押了一段时间，幸好匈奴发生了内乱，才逃出来回到长安。

张骞在外面足足过了十三年才回来。汉武帝认为他立了大功，封他做太中大夫。张骞向汉武帝详细报告了西域各国的情况。他说：“我在大夏看见邛山出产的竹杖和蜀地出产的细布。

当地的人说这些东西是商人从天竺贩来的。”他认为既然天竺可以买到蜀地的东西，一定离蜀地不远。

汉武帝就派张骞为使者，带着礼物从蜀地出发，去结交天竺。张骞把人马分为四队，分头去找天竺。四路人马各走了两千里地，都没有找到。有的被当地的部族打回来了。

往南走的一队人马到了昆明，也给挡住了。汉朝的使者绕过昆明，到了滇越（在今云南东部）。滇越国王的上代原是楚国人，已经有好几代跟中原隔绝了。他愿意帮助张骞找道去天竺，可是昆明在中间挡住，没能过去。

张骞回到长安，汉武帝认为他虽然没有找到天竺，但是结交了一个一直没有联系过的滇越，也很满意。

到了卫青、霍去病消灭了匈奴兵主力，匈奴逃往大沙漠北面以后，西域一带许多国家看到匈奴失了势，都不愿意向匈奴进贡纳税。汉武帝趁这个机会再派张骞出使西域。公元前119年，张骞和他的几个副手，拿着汉朝的旌节，带着三百个勇士，每人两匹马，还带着一万多头牛羊和黄金、钱币、绸缎、布帛等礼物去结交西域。

张骞到了乌孙，乌孙王出来迎接。张骞送了他一份厚礼，建议两国结为亲戚，共同对付匈奴。乌孙王只知道汉朝离乌孙很远，可不知道汉朝的兵力有多强。他想得到汉朝的帮助，又不敢得罪匈奴，因此乌孙君臣对共同对付匈奴这件事商议了几天，还是决定不下来。

张骞恐怕耽误日子，打发他的副手们带着礼物，分别去联络大宛、大月氏、于阗等国。乌孙王还派了几个翻译帮助他们。这许多副手去了好些日子还没回来。乌孙王先送张骞回到长安，他派了几十个人跟张骞一起到长安参观，还带了几十匹高头大马送给汉朝。

汉武帝见了他们已经很高兴了，又瞧见了乌孙王送的大马，格外优待乌孙使者。过了一年，张骞害病死了。张骞派到西域各国去的副手也陆续回到长安。副手们把到过的地方合起一算，总共到过三十六国。

打那以后，汉武帝每年都派使节去访问西域各国，汉朝和西域各国建立了友好交往。西域派来的使节和商人也络绎不绝。中国的丝和丝织品，经过西域运到西亚，再转运到欧洲，后来人们把这条路线称作“丝绸之路”。

毕昇发明活字印刷

宋朝时候，雕版印刷大为盛行。

雕版印刷的过程是这样的，先把木头锯成一块一块大小一样的板子，使之平滑，然后在一张薄纸上写字，反贴在板子上，用刀雕刻成文字凸起来，再刷上墨，铺上纸，用软刷在纸上轻轻刷过，揭下来，纸上就有了白底黑字。一本书的字数自然是相当多的，所雕的板也不止一块，每一块都照这种方法刷印成文。全部印刷工作完毕，一页一页地装订起来，那就成了一本书。

当时，杭州西山有个号称“神刀王”的雕版师傅，刀下功夫远近闻名，有口皆碑。许多人慕名前来拜师，“神刀王”一概不收。可他晚年的时候，却破格收下了一个平民出身的小徒弟——毕昇。这是啥原因呢？原来，“神刀王”不但看中了毕昇那股灵巧劲儿，更喜欢他那忠厚、诚实的品行。他觉得，把自己的本领传给这样的人，到死的时候也就可以瞑目了。

毕昇跟着“神刀王”一学就是几年，技艺大有长进。有一次，师傅雕刻晋代大书法家王羲之的《兰亭序》，让毕昇在一旁观察揣摩。谁知还剩下最后一行时，毕昇一不小心，碰了师傅的手臂，把刀下那个“之”字刻坏了。

毕昇难过极了。晚上，他躺在床上，翻来覆去睡不着觉。他先是暗暗埋怨自己，后来又突然冒出一个念头：雕版印刷太麻烦了，能不能改一改呢？

从那天起，他一有空儿就琢磨这件事。一天，他在西湖边散步，发现一个江湖画师正在往一幅风景画上盖图章，凑近仔细一瞧，真新鲜，那画师竟把三枚图章串在一起。

毕昇颇有兴趣地看了一会儿，忽然，猛一击掌，高兴地大叫起来：“有办法了！有办法了！”

他一溜烟跑回住处，用胶泥作成一个一个方块，干了以后，刻上反字，一字一块；接着用火将这些活字烧硬，按韵排列在特制的木格里；然后根据需要将活字排在铁框里固定好。

这样就可以刷上墨印书了。采用活字印刷，既方便，又节约。这种新技术，很快就被推广到全世界。

李时珍与《本草纲目》

李时珍出身三代相传的医户人家，祖父是一个医生，父亲李言闻，又名李月池，也是当地有名的医生，曾做过“太医吏目”。他不仅有丰富的临床经验，而且在医学理论上也有相当的修养，后来李时珍称赞自己的父亲在诊断疾病方面的知识是“精诣奥旨，浅学未能窥造”。据记载李言闻著有《四诊发明》《艾叶传》《人参传》《痘疹证治》等。李时珍从小就在这种环境中熏陶着。

在封建社会里，医生的地位非常低下，常与“算命”、“卖卦”的人相提并论，有时还遭到官僚、地主和豪绅们的欺压。这股势力在明代更甚，当时还规定“医户”人家不能改行，这种轻视医生的社会风气，促使李言闻产生了改换医户地位的想法，决定让李时珍走科举道路，这样可以取得一官半职，荣宗耀祖。因此，要求李时珍每天背诵《四书》《五经》，准备迎接科举考试。

李时珍从小爱好读书，在14岁那年考中秀才，后来参加乡试考举人，三次都失败了。有一年，蕲州一带，河水上涨，淹没了田地，又淹没了市巷，农田荒芜，疫情严重，肠胃病到处流行。蕲州官府举办的“药局”，不替穷人看病，穷人有病，都来找李时珍的父亲医治，临走时，个个都道谢不绝。这一切都被李时珍看在眼里。李时珍20岁的那年，身患“骨蒸病”，连续不断地咳嗽和发烧，几乎把命送掉，幸得父亲的精心诊治，用一味黄芩汤把病治好了。李时珍愈想愈不愿走科举道路，向父亲表示，立志学医，做一个为病人解除痛苦的好医生，父亲看他态度坚决，也只好答应了。

李时珍24岁开始学医，白天跟父亲到“玄妙观”去看病，晚上，在油灯下熟读《内经》《本草经》《伤寒杂病论》《脉经》等古典医学著作。李时珍的读书精神是令人钦佩的，“读书十年，不出户庭，博学无所弗脚”。由于他刻苦学习，掌握了治病方法。他曾用“延胡索”治愈了荆穆王妃胡氏的胃痛病，又用杀虫药治愈了富顺王之孙的嗜食灯花病，后来又以附子和气汤治愈富顾王适于的病症而被聘为楚王奉伺正。

多年的临床实践，使李时珍懂得，做一个医生，不仅要懂医理，也要懂药理。如把药物的形态和性能摘错了，就会闹出人命来。他在阅读《神农本草经》的基础上，再仔细地阅读了南朝齐梁时期陶弘景著的《本草经集注》，唐代的《新修本草》，宋代的《开宝本草》《嘉佑本草》《经史证类备急本草》《本草衍义》等。李时珍发现古代的本草书存在不少问题，首先在药物分类上是“草木不分，虫鱼互混”。比如“生姜”和“薯蓣”应列菜部，古代的本草书列入草部；“萎蕤”与“女萎”本是两种药材，而有的本草书说成是一种；“兰花”只能供观赏，不能入药用，而有的本草书将“兰花”当作药用的“兰草”；更严重的是将有毒的“钩藤”当作补益的“黄精”。李时珍认为古代本草书上那么多的错误，主要是对药物缺乏实地调查的结果。

宋代以来，我国的药物学有很大发展，尤其随着中外文化交流的频繁，外来药物不断地增加，但均未载入本草书。李时珍认为有必要在以前本草书的基础上进行修改和补充。这时，李时珍已经35岁了。

过了五年，朝廷下了一道诏书，要在全国选拔一批有经验的医生，填补太医院的缺额，武昌的楚王朱英燎，推荐了李时珍。李时珍认为北京是明王朝的京都，那里不仅聚集了全国重要的医药书籍，还可看到更多的药材，这对修改本草书是一个极好的机会。李时珍接受了楚王的推荐，41岁进入北京太医院，并担任了太医院院判的职务。

明世宗朱厚熜是一个昏庸透顶的皇帝。他一心追求长生不老的仙丹药，还想做神仙。太医院中的医官们，为了迎合朱厚熜的需要，不仅向全国各地收集“仙方”和“丹方”，同时又翻遍了历代本草书，企图从中获得长生不老之药。有的医官说“久服水银，可以长生不死”；有的医官说“炼食硫黄，可以长肌肤益气力”；有的说“灵芝是仙草，久食可以延年益寿”。李时珍听到这些无稽之谈，更下定决心准备修改本草书。

李时珍利用太医院良好的学习环境，不但阅读了大量医书，而且对经史百家、方志类书、稗官野史，也都广泛参考。同时仔细观察了国外进口的以及国内贵重药材，对它们的形态、特性、产地都一一加以记录。过了一年左右，为了修改本草书，他再也不愿待下去了，借故辞职。

在回家的路上，一天，李时珍投宿在一个驿站，遇见几个替官府赶车的马夫，围着一个小锅，煮着连根带叶的野草，李时珍上前询问，马夫告诉他说："我们赶车人，整年累月地在外奔跑，损伤筋骨是常有之事，如将这药草煮汤喝了，就能舒筋活血"。这药草原名叫"鼓子花"，又叫"旋花"，李时珍将马夫介绍的经验记录了下来。写道：旋花有"益气续筋"之用。此事使李时珍意识到修改本草书要到实践中去，才能有所发现。

李时珍为了修改本草书，对各种医书上的不同记载进行调查研究，为了搞清形态相似的苹、水萍和萍逢草，曾到家门口的雨湖，还到较远的马口湖、沿市湖、赤东湖进行采集，耐心观察比较，终于纠正了本草书上的长期混乱。

为了搞清白花蛇的形态，验证书本记载，李时珍来到了蕲州城北的龙蜂山捕蛇，只听得有人唱道："白花蛇，谁叫尔能辟风邪，上司索尔急如火，州中大夫只逼我，一时不得皮肉破"。随着歌谣而来的是几个肩背竹篓的捕蛇人，他们正朝着几棵石楠藤走去，据说白花蛇爱吃石楠藤的叶，所以石楠藤也就成了白花蛇的"家"，日夜盘缠在石楠藤上。捕蛇人发现白花蛇后，立即从地上捞起一把沙土，对准白花蛇撒去，说来也奇，白花蛇遇到沙土，真像面粉遇水一样，缩成了一团，捕蛇人立即上前用木叉往白花蛇的颈部叉去，另一手抓住蛇体的后部，这时白花蛇再也施不出威力来了。李时珍定前去仔细观察了白花蛇的形态，只见蛇头大似三角形，嘴里长着4只长牙，背上有24块斜方格，腹部还有斑纹，与一般的蛇，确实不一样。接着，捕蛇人将蛇挂在路旁的小树上，用刀剖其腹，去其内脏，盘曲后装进了竹篓筐，据说，将蛇烘干后，才能当药用。李时珍记录了捕蛇过程中的每一个细节活动，不仅补充了本草书，也为后来编写《白花蛇传》，提供了重要材料。几年后，李时珍又根据白花蛇的祛风特性，制成了专治半身不遂和中风的“白花蛇酒”。据现代药理分析，证明白花蛇的提取物，具有镇静、镇痛，扩张血管和降压作用。

穿山甲又叫鲮鲤，根据陶弘景著《本草经集注》的记载，穿山甲是一种食蚁动物，它“能陆能水，日中出岸，张开鳞甲如死状，诱蚁入甲，即闭而入水，开甲蚁皆浮出，围接而食之。”穿山甲的生活习性果真是这样吗？为了弄清这个问题，李时珍跟随猎人进入深山老林，进行穿山甲解剖，发现该动物的胃里确实装满了未消化的蚂蚁，证明了本草书的记载是正确的。但李时珍发现穿山甲不是由鳞片诱蚁的，而是“常吐舌诱蚁食之”。他修订了本草书上关于这一点的错误记载。同时他又在民间收集了穿山甲的药用价值，记载了一段“穿山甲、王不留，妇人食了乳长流”的顺口溜。

有人说，北方有一种药物，名叫曼陀罗花，吃了以后会使人手舞足蹈，严重的还会麻醉。李时珍为了寻找曼陀罗花，离开了家乡，来到北方。终于发现了独茎直上高有四、五尺，叶像茄子叶，花像牵牛花，早开夜合的曼陀罗花，他又为了掌握曼陀罗花的性能，亲自尝试“乃验也。”并记下了“割疮炙火，宜先服此，则不觉苦也”。据现代药理分析，曼陀罗花含有东莨菪碱，对中枢神经有兴奋大脑和延髓作用，对末梢都有对抗或麻痹副交感神经作用。

李时珍在做曼陀罗花毒性试验时，联想到本草书上关于大豆有解百药毒的记载，也进行了多次试验，证实了单独使用大豆是不可能起解毒作用的，如果再加上一味甘草，就有良好的效果，并说：“如此之事，不可不知”。

李时珍不仅对植物药、动物药进行仔细的调查、观察，对矿物药也做了不少调查工作。他曾到过铜矿、铅矿、石灰窑等地进行调查研究。根据本草书的记载，铅是无毒的物质。李时珍为了了解铅的性能，深入矿区，见到矿工们的艰苦工作条件，写道：“铅生山穴石间，人挟油灯入至数里，随矿脉上下曲折砍取之”通过对矿工们的健康调查，认识到铅是有毒物质，“性带阴毒，不可多服”。同时又掌握了铅中毒会引起中毒性肝炎而出现黄疸症状。“若连月不出，则皮肤萎黄，腹胀不能食，多致疾而死”。

“水银”据以前本草书记载，言无其毒，言其久服神仙，言为长生不老之药。确有其事吗？李时珍通过调查，认识到水银是由丹砂加热后分解出来的；水银和硫黄一起加热，可以变成银朱（硫化汞）；水银加盐等，又可以变成另一种物质，名叫轻粉（氯化汞）。由此，他记述水银是一种“温燥有毒”的物质。“若服之过剂”“则毒被蒸窜入经络筋骨”，“变为筋挛骨痛，发为痈肿疳漏，或手足破裂，虫癣顽痹，经年累月，遂成疾癌，其害无穷。”李时珍又根据六朝以来久服水银而造成终身残疾的历史事实，驳斥了久服水银可以长生不老的无稽之谈，并写道：“方士固不足道，本草其可妄言哉。”

李时珍是一个富有求实精神的医药家，为了完成修改本草书的艰巨任务，他几乎走遍了湖北、湖南、江西、安徽、江苏等地的名川大山，行程不下万里。同时，他又参阅了800多家书籍，经过3次修改稿，终于在61岁（公元1578年）的那年，编成了《本草纲目》。后来又在他的学生、儿子、孙子的帮助下，使《本草纲目》更加完整，更加精美。《本草纲目》包含着李时珍将近30年的心血，记录着李时珍饱尝苦辛的艰难历程。

李时珍对人类的贡献是伟大的，因此深受后世人的尊敬，为了纪念这位伟大的医药学家，《明史》《白茅堂集》都为他写下了传记。清光绪年间在李时珍墓立碑纪念。新中国成立后，在湖北省蕲春县蕲州镇李时珍墓所在地竹林湖村建立了李时珍纪念馆，整个纪念馆占地面积50 000平方米，由本草碑廊、纪念展览、药物馆、百草药园、墓园五大部分组成，邓小平于1987年7月8日亲笔题写的馆名。1956年科学家郭沫若以题词作纪念，写道：“医中之圣，集中国药学之大成，本草纲目乃1

892种药物说明，广罗博采，曾费三十年之殚精。造福生民，使多少人延年活命！伟哉夫子，将随民族生命永生。”

曹雪芹与《红楼梦》

曹雪芹本名霑，字梦阮，号芹圃、芹溪等。由于他在他的伟大著作《红楼梦》的第一回里，直接写出了“曹雪芹于悼红轩中……”所以人们都称他为曹雪芹，而很少叫他曹霑。

曹雪芹是汉族人，出生在一个贵族家庭。这里就有一个问题了：清朝贵族都是原住在东北地区的满族人，曹雪芹既是汉族，怎么也成了贵族呢？原来曹家的祖先，很早就定居在东北辽阳地区了。他们是东北满族政权所属的“汉军八旗”中正白旗的成员。“旗”是满族的行政单位，也是军事组织。所以，他的先祖早就同满族皇室站在一起了。后来清兵入关，建立清朝，曹雪芹的先祖也跟着到了关内，并且立有军功。特别是曹雪芹的曾祖母，曾经当过康熙皇帝小时候的保姆，所以康熙对曹家非常信任。这种信任表现为，曹家祖孙三代共四人，都世袭很重要的“江宁织造”的官。那“江宁织造”名义上是专管皇宫里所用衣物的生产和供应事务的，是个“内廷”系统的职务，但实际作用远不止这些。他还承担着暗中监视东南江、浙地区官民的任务；他可以不通过地方行政首长，直接向皇帝打秘密报告，而皇帝也常常直接对他作秘密指示，叫他干这干那。所以这是皇帝派驻在南京的一个心腹、一个耳目。康熙到南方巡视，曾五次到南京，而四次都把江宁织造府当作他的临时行宫，可见曹家的得宠情形。总之，曹家那时候是大富大贵，是一个有名的“百年望族”。

曹雪芹的少年时代，就是在这样一个家庭里，过着锦衣玉食的优裕生活。此外，他祖父曹寅的文学修养相当高，又是个著名的藏书家，并且主持刊印过《全唐诗》，所以曹雪芹在精神文化上也能得到很好的滋养。但是，“千里搭长棚，没有不散的筵席”，大约在曹雪芹13岁的这年，一个极大的变故降临了。这个变故也就是曹家同皇室的关系当中发生的。事情是，康熙在做了61年皇帝以后，于公元1722年“驾崩”。接着就由雍正登基。那雍正以玩弄阴谋的办法取得了皇位继承权，并且一上台就以残忍毒辣的手段，把他的竞争对手（都是他的兄弟）一一除掉。“一朝天子一朝臣”，曹家同雍正的关系原来并不很好，倒是与雍正的一个敌手关系比较密切，所以他们就开始倒运了。正好曹家由于长期的铺张挥霍，亏空了不少公款，于是雍正就毫不客气地撤了曹雪芹父亲的“织造”职务，并且抄了他的家。

少年曹雪芹，告别了南京的“钟鸣鼎食之家”，跟着待罪的父亲来到了北京。这时候的物质生活条件是很差了，他的整个青年时期，都是在穷困中度过的。但是，他的精神生活却并不因此而受影响。他在困难的条件下继续努力学习，培养了多方面的才能。他的诗写得很好，风格有点儿类似李贺。他有一个朋友称赞说：“知君诗胆昔如铁，堪与刀颖交寒光。”就是说他的诗骨气硬朗，犹如一块铁；锋芒锐利，就像一把刀。他的绘画水平极高，可与当时的第一流画家相比；他爱画石头，以此表现他桀骜不驯的性格。他的文章更是写得既有气势，又有文采，使人可望而不可即。他读书很多，学识渊博，听他谈起话来，谁都要被他那博闻强记的头脑和雄辩的口才所折服。

更可贵的是，曹雪芹在贫困中锻炼了不向黑暗环境低头的人格。他犹如雪中寒梅，越是在冷酷的气候中，越显出自己的高洁。在人事变迁中，他领略了世态炎凉，这使得他的眼光变得非常敏锐而深刻。他看透了社会上人与人之间的关系，他不愿意去同那些炙手可热的达官贵人们周旋。曹家与平郡王府本来是亲戚，他也不肯去攀附求助。他也像阮籍一样使用“青白眼”，常常对那些富贵势利之徒白眼相待。当然，他也有他的朋友。这些人多半是同他地位相近的不得志的读书人和没落贵族。其中有敦敏和敦诚兄弟，与他最为相知。敦氏兄弟是皇族，不过到他们这代，已经不怎么显贵了，而且因为皇室内部有矛盾，他们还多少受着些歧视。这两兄弟因此和时俗也不大相投，常常有些牢骚。他们对曹雪芹的不求闻达、孤芳自赏的处事态度非常看重，而对他诗文绘画方面表现出的盖世才气则尤其敬服。曹雪芹也喜欢他们的洒脱作风和对朋友义气相待的性格。于是常常来往，在一起喝酒，作诗，彼此成了知己。

那时宫廷设有皇家的画院，里面聚集着不少美术家，专门给皇室及达官贵人作画，给他们的奢侈糜烂生活做些雅致的点缀。画院当局听到了曹雪芹在绘画方面的名声，就想请他去当画师。处在他当时的窘困境地下，这应当说是个不错的差使。但是曹雪芹却想到了唐代的著名画家阎立本。阎立本就是一位宫廷画师，有一次唐太宗同侍臣们泛舟游玩，叫他去应景作画；他看到船上坐着的侍臣，他们的学识文章并不比自己强，居然被待为上宾，而自己却像仆役一般为他们作画，他感到很羞惭。曹雪芹不愿去当阎立本的角色，宁愿生活艰苦些，谢绝了召请。可是，曹雪芹却自愿到一个贵族学校里去当了个普通管事职员。这个职务的待遇，比画师差得多，他却坦然接受了。这里的原因，无非是他在这个小职员位置上，可以少接触些达官贵人，可以心情舒畅些、自在些。

大约在曹雪芹中年的时候，他家已彻底地走向了败落。不但家产全部丧失，人丁也已星散。曹雪芹在城里已没有立足之地，被迫搬到郊外西山下去落户。从此他就陷入赤贫的地步了。他几乎没有什么固定收入，只靠亲友们接济一点儿。而他这个人脾气不改，越穷越不肯开口求人。他后来弄得只好以卖画为生。他同妻子、儿子三口人有时只能喝粥。他爱喝酒，但没有钱买，只好到好心的老板那里去赊账。他家里是“蓬户茅椽，绳床瓦灶”，即屋子是茅草盖的，床是用绳子绷起来的，连块铺板都没有，灶是用瓦块搭成的。总之，生活贫穷清苦得很。曹雪芹在西山荒村里的惨境，使得偶尔来访的朋友为之心酸落泪。我国古代的大文学家，有不少曾挨过穷苦的煎熬，如陶渊明、杜甫、蒲松龄、吴敬梓，但穷到曹雪芹这般地步的，实在很少。

曹雪芹穷到极点，苦到极点，但他的毅力也坚强到了极点。就在饥寒交迫、朝不虑夕的情况下，他十年如一日地坚持着一项工程浩繁的工作——《红楼梦》的写作。《红楼梦》主要写的是一个爱情悲剧故事。贾宝玉同林黛玉真诚地相爱，遭到家长们的反对，他们强迫贾宝玉去同薛宝钗结婚，结果林黛玉悲痛而死，贾宝玉也愤然出家去当了和尚。这个故事有巨大的社会意义。它不但表现了青年男女反对封建专制、争取婚姻自主的斗争，还写了贾、林爱情具有先进的思想基础。贾宝玉讨厌科举功名，讨厌循规蹈矩去做八股文，却爱读一些优美的文学作品。他不愿与达官贵人们交往，他骂那些热衷功名利禄的人是“国贼禄蠹之流”。相反，他对封建时代里受压迫、被玩弄的女性，却相当尊重，他还经常同仆人们、丫头们以及社会上地位低下的人在一起玩，甚至交朋友。而林黛玉则在这些方面同他心心相印。正因此，贾母等封建势力才要千方百计地把他们拆散。在这一点上，曹雪芹比许多前辈大作家如王实甫、汤显祖等写得更加深刻。曹雪芹在这里歌颂的，是具有初步民主思想的封建制度的叛逆者。

《红楼梦》的思想意义远不止在爱情悲剧方面。它同时描写了广阔的社会背景，特别是描写了以贾家为代表的贾、史、王、薛“四大家族”由盛到衰的过程。在这部书的第四回里，写了这么一首歌谣：

贾不假，白玉为堂金作马。

阿房宫，三百里，住不下金陵一个史。

东海缺少白玉床，龙王来请金陵王。

丰年好大“雪”，珍珠如土金如铁。

这四句诗，形象地描绘了贾、史、王、薛四大家族的煊赫气势。但是，在这赫赫扬扬、花团锦簇的外表下，曹雪芹又写出了他们内部的十分腐败，矛盾重重。不管他们如何挣扎，如何极力挽回颓局，结果都无可避免地走向了衰败。《红楼梦》写四大家庭的溃灭，实际上提示了封建制度必然灭亡的命运，敲响了封建社会的丧钟。

《红楼梦》在艺术上取得了空前的成就。曹雪芹笔下的人物形象非常生动。贾宝玉、林黛玉、薛宝钗、王熙凤、贾政等主要人物，都是写得很成功的典型。就连一些次要人物，也都个个写得性格鲜明。如刘姥姥这个农村里来的老太婆，她曾在书中三次登场（即“三进荣国府”），她的一举一动、一词一句，全都符合她的特殊身份和性格，既土里土气，没见过大世面，又老于世故，喜欢奉承财主人家，有时还故意让人把自己当作笑料，出洋相，以讨取别人好感。又如大观园里的丫头非常之多，但她们也各有各的性格脾气，绝无互相雷同的现象：晴雯很聪明，自尊心、反抗性很强；鸳鸯平时并不锋芒毕露，但到关键时刻，就显出她的刚烈性格；袭人处处谨小慎微，想爬上主子地位去；紫鹃则一心为主，与林黛玉情同姊妹，等等。

鲁迅先生曾经说过："自有《红楼梦》出来以后，传统的思想和写法都打破了。"这非常中肯地指出了《红楼梦》在思想和艺术方面所取得的伟大成就。曹雪芹称得上是在文学创作的崎岖道路上，登上了一座俯视群山的高峰。

这样一部伟大著作，可不是那么容易写出来的。曹雪芹写作态度非常严肃。书中的每一回、每一段、每一句、每一字，都经过他的认真思考，反复推敲。他在写完初稿后，又做过五次大的修改。在写作过程中，他还得到他的一些亲戚朋友的帮助。特别是他的一个叔父，曾经同他有过相近的生活经历，对曹雪芹的创作意图，对书中一些人物和情节的取材来源，都比较熟悉。所以，曹雪芹每写完一部分，他都要拿去审阅，并提出一些评论或修改意见。有时他就直接在稿本上写批语，批语下面题着他的号——"脂砚斋"。我们现在在一些研究文章里常看到"脂本"的提法，这就是指带有"脂砚斋"批语的《红楼梦》手抄本，它们都是最接近于曹雪芹原稿的本子。

穷苦压不垮曹雪芹的精神，但却摧残着他的躯体。公元1763年冬天，他终于病倒了，因为无钱治疗，就在这年的除夕，结束了他不满50岁的生命。他的儿子先他死去，他身后只留下一个孤苦伶仃的妻子，还有就是这部不朽巨著《红楼梦》。

曹雪芹在生前，基本上是把《红楼梦》写完了的。不过我们现在只能看到他写的前八十回，八十回以后的部分已经散失了。散失的原因不很清楚，有说是给他的朋友借去看借丢了，有说是他妻子是个不大精明的人，他死后她把一些稿子剪成纸钱，到他坟上烧化了。

《红楼梦》一出来，就受到人们的注意和喜爱。它的艺术魅力太动人了。人们纷纷传抄，竞相阅读，很快就在知识分子中流传开了，即使是普通老百姓和王公贵人，不少人也很爱读。乾隆年间，在北京的庙会上，这部书的手抄本可以卖到几十两银子的高价。许多外省来京赴考的举人，考完后也都要带一部《红楼梦》回去。当时流行着两句话，叫作："开谈不说《红楼梦》，纵读诗书也枉然。"不管你学问多深，不读《红楼梦》就等于是个大傻瓜！人们越是喜爱《红楼梦》，就越是对八十回以后的散失感到遗憾。于是就有高鹗出来续写《红楼梦》后四十回。高鹗的生活年代比曹雪芹稍后，也是个汉军旗人。他曾考中过进士，任过翰林院侍读等职，社会地位比曹雪芹高。他写后四十回，大体上依据了曹雪芹的原来计划，如让贾宝玉同薛宝钗结婚，林黛玉泪尽而死，贾宝玉出家为僧，基本上保持了悲剧格局。但也有不符合曹雪芹原来构思的地方，如让贾宝玉出家之前去应了一回科举考试，而且考中了；最后又写"兰桂齐芳，家道复初"，即贾宝玉的侄子和儿子长大了都考取了功名，贾府又复兴了起来。这些都反映了高鹗世界观的局限性。他自己是科举出身的，所以硬叫贾宝玉及其儿子都去追求"功名"；他自己是当着官的，所以不愿意让贾府彻底衰败，要让它起死回生。我们在读《红楼梦》时，应把前八十回同后四十回加以区别。

在高鹗续写了后四十回以后，还有一些自命风雅的好事之徒，也都纷纷来写什么《红楼后梦》《红楼续梦》之类的书。不过这些大都是既无思想又无文采的庸俗无聊之作，不值一读。《红楼梦》在清代曾经与《水浒》《西厢记》《牡丹亭》等一起，被一些官僚列为“禁书”，不准出版，阅读。统治者还对它作了种种诬蔑。但是，这样一部伟大著作，是任何人也诬蔑不倒、禁止不了的。200多年来，《红楼梦》已经深深地印入中国广大人民的心中。我们看到，各种戏曲、说唱文艺，演《红楼梦》，唱《红楼梦》，说《红楼梦》，蔚然成风；一些学者也怀着极大的兴趣，来评论《红楼梦》，考证《红楼梦》。对《红楼梦》这部书及其作者的研究，甚至已经形成一项专门的学问，叫作“红学”。一些著名的“红学家”，写出了很有学术价值的长篇研究巨著。这在中国文学研究史上，也是没有先例的现象，因为除此之外，我们还没有听说过有研究《三国演义》的“三学”，或者研究《水浒》的“水学”。现在，《红楼梦》已被翻译成各种外国文字，在世界各地发行。曹雪芹的名字，已经与莎士比亚（英国）、巴尔扎克（法国）、托尔斯泰（俄国）等，同列在人类最优秀文学遗产创造者的行列之中。

不迟到的鲁迅

鲁迅13岁时，他的祖父因科场案被逮捕入狱，父亲长期患病，家里越来越穷，他经常到当铺卖掉家里值钱的东西，然后再在药店给父亲买药。有一次，父亲病重，鲁迅一大早就去当铺和药店，回来时老师已经开始上课了。老师看到他迟到了，就生气地说："十几岁的学生，还睡懒觉，上课迟到。下次再迟到就别来了。"

鲁迅听了，点点头，没有为自己做任何辩解，低着头默默回到自己的座位上。

第二天，他早早来到学校，在书桌右上角用刀刻了一个"早"字，心里暗暗地许下诺言：以后一定要早起，不能再迟到了。

以后的日子里，父亲的病更重了，鲁迅更频繁地到当铺去卖东西，然后到药店去买药，家里很多活都落在了鲁迅的肩上。他每天天不亮就早早起床，料理好家里的事情，然后再到当铺和药店，之后又急急忙忙地跑到私塾去上课。虽然家里的负担很重，可是他再也没有迟到过。

在那些艰苦的日子里，每当他气喘吁吁地准时跑进私塾，看到课桌上的"早"字，他都会觉得开心，心想："我又一次战胜了困难，又一次实现了自己的诺言。我一定加倍努力，做一个信守诺言的人。”

后来父亲去世了，鲁迅继续在三味书屋读书，私塾里的寿镜吾老师，是一位方正、质朴和博学的人。老师的为人和治学精神，那个曾经让鲁迅留下深刻记忆的三味书屋和那个刻着“早”字的课桌，一直激励着鲁迅在人生路上的继续前进。

茅以升与桥

茅以升是我国著名的桥梁专家。我国第一座现代化大桥——钱塘江大桥，就是他设计的。

茅以升11岁那年的端阳节，南京秦淮河上举行热闹非凡的龙船比赛。他和小伙伴约好，一块儿到河畔看个痛快。但不巧的是，头天晚上，他突然病了，不得不待在家里。

端阳节当天，茅以升躺在床上，心儿却飞向了秦淮河。他多么羡慕自己的小伙伴！晚上，小伙伴回来了，一个个无精打采，眼泪盈眶。茅以升很是奇怪，一问才知道，原来秦淮河上出了事。由于看龙船的人太多，把一座叫作文德桥的古老拱桥给挤塌了，许多人掉到河里淹死了。

这太不幸了。茅以升直愣愣地望着天花板，好半天才说出一句话来：“我长大了一定要学会造桥，为大家造最结实的桥！”

从此，茅以升的头脑几乎被桥占据了。他出门只要见到桥，总要上上下下看个仔细；读书读到有关桥的内容，就立即将其抄在本子上。他收藏的各种桥的图画、照片，更是数不胜数。因为这个，他还得了个“小桥迷”的绰号！

郑板桥教子

郑板桥是清朝“扬州八怪”之一。他在山东潍县当县官时，儿子小宝留在兴化乡下的郑墨弟弟家。

小宝6岁时上学了。为了教育儿子，郑板桥专门给他的弟弟郑墨写了一封信，信中写道：“余五十二岁始得一子，岂有不爱之理！然爱之必以其道，以其道是真爱，不以其道是溺爱。”

他的“道”是什么呢？他说：“读书中举，中进士做官，此是小事，第一要明理做个好人。”

郑板桥自己是个读书人，他并不是看不起读书人，他看不起的是：读书就是为了做官。

郑板桥自己最重视的还是儿子的品德。他对弟弟说：“我不在家，儿便是由你管束，要须长其忠厚之情，驱其残忍之性，不得以为犹子而姑纵惜也。”

他主张，他的孩子和仆人的儿女应平等对待。他说：“家人儿女，总是天地间一般人，当一般爱惜，不可使吾儿凌虐别人。凡鱼餐果饼，宜均分散给，大家欢喜跳跃。若吾儿坐食好物，令家人子远立而望，不得一沾唇齿，其父母见而怜之，无可如何，呼之使去，岂非割心头肉乎！”

为了教育儿子“明好人之理”“爱天下农夫”，郑板桥还抄录了使小宝且念且唱、顺口好读的四首五言绝句：

二月卖新丝，五月粜新谷；
医得眼前疮，剜却心头肉。
锄禾日当午，汗滴禾下土；
谁知盘中餐，粒粒皆辛苦。
昨日入城市，归来泪满襟；
遍身罗绮者，不是养蚕人。
九九八十一，穷汉受罪毕；
才得放脚眠，蚊虫跳蚤出。

后来，郑板桥不放心小宝的成长，就把他接到身边，经常教育小宝要懂得吃饭穿衣的艰难，要同情穷苦的人。由于郑板桥的严格教育和言传身教，小宝进步很快。当时潍县正值灾荒，郑板桥一向清贫，家里也未多存一粒粮食。一天，小宝哭着说：“妈妈，我肚子饿！”妈妈拿出一个用玉米粉做的窝头塞在小宝手里说：“这是你爹中午省下的，快拿去吃吧！”小宝欢跳着走到门外，高高兴兴地吃着窝头。这时，一个光着脚的小女孩站在旁边，看着他吃，小宝发现了这个用饥饿眼光看他的小女孩，立刻把窝头分给小女孩一半。郑板桥得知小宝的举动，高兴地对着小宝说："孩子，你做得对，爹爹喜欢你。"

林纾苦读成大器

林纾是我国近代著名的文学家、翻译家。他是福州人，清末举人。

林纾小时候家里很穷，却爱书如命，买不起书，就只好向别人借来自己抄，按约定的时间归还。他曾在墙上画了一具棺材，旁边写着"读书则生，不则入棺"，把这八个字作为座右铭来鼓励、鞭策自己。这句名言的意思是他活着就要读书，如果不读书，还不如死去。他常常是起五更睡半夜地摘抄、苦读。他每天晚上坐在母亲做针线的清油灯前捧着书孜孜不倦地苦读，一定要读完一卷书才肯睡。由于家穷，加上读书的劳累，他18岁时，患了肺病，连续十年经常咳血，但他卧在病床上还坚持刻苦攻读。到22岁时，他已读了古书2000多卷，30岁时，他读的书已达1万多卷了。

他曾经说："用功学习虽是苦事，但如同四更起早，冒着黑夜向前走，会越走越光明；好游玩虽是乐事，却如同傍晚出门，趁黄昏走，会越走越黑暗。"

他不懂外文，但由于他的文学功底深厚，竟采用世人很少见的翻译书的方式：先后由十多个懂外文的人口述，他作笔译，将英、美、法、俄、日等十几个国家的1 700余部名著翻译成中文，开创了中国翻译外国文学著作的先例，影响很大。法国小仲马的《茶花女》，就是他与别人合作翻译的第一部外国长篇小说。康有为把林纾与严复并列为当时最杰出的翻译家，称赞说“译才并世数严林”。

爱读书的康有为

康有为是清朝末年著名学者。一次，他在香港参观访问中，意外地遇到了一位同乡人陈焕鸣。陈氏精通英文，才华出众，曾任中国驻日本公使馆的英文翻译，后弃官稳居于香港。他搜罗日本群书，藏于住所。在陈焕鸣家里，康有为看到了这些丰富的藏书。

从香港回来后，康有为在家里埋头研究经籍和公羊学，一度撰著《何氏纠谬》，批评今古经学家何劭公，认为批判不当，就将原稿烧了，是康氏对今古经学学术态度转变的起点。继而精研唐宋史及宋儒之书，博求旁征，每日读书以寸计。康有为读书的刻苦精神是十分动人的，他每天早上抱一批书，向桌子上一放，右手拿一把锋利的铁锥子，猛力向下一扎，锥穿两本书，今天就读两本书，锥穿三本书，今天就读三本书，每天不读完这“一锥书”，决不休息。他目光炯炯，读书就像吃书一样，时间久了，眼皮也闭不起来，臀部也坐起了核刺，连续割治两次不愈，多年流水淋漓，给他带来很大的痛苦。

1882年5月，他去北京参加顺天乡试，秋天南归途中，特意游览扬州、镇江、南京，泛舟金焦二山、登北固楼，游明故宫，目睹往日繁华的扬州名园都变成了瓦砾场，只有几株环城的垂杨在秋风中摇曳。他站在明孝陵前倒地的石螭头上，抚摸着墓道旁的石人，俯视大江南北，见黎民百姓在饥寒交迫中受煎熬，他感叹万分，心中深深为国家和民族的命运担忧。

路过上海时，他特意到租界的“十里洋场”兜了一圈、发现在堂堂华夏大地上竟然出现了“国中之国”的怪现象，康有为痛感国家主权的沦丧和中国人的奇耻大辱。同时也看到了它的繁华，觉得西方人的治术有不少值得借鉴的地方。在强烈的时代感和民族责任心的推动下，这个年仅25岁的青年人，开始跳出八股取士的拘禁，向西方世界投去了更多探索的目光。

康有为大批购买外国书，学习借鉴国外的先进经验，并大讲西学，振奋精神，开始向西方寻找救国救民的真理。

康有为仔细地研读西书报纸，以及中国人写的外国游记，从中了解西方国家的政治制度、历史地理和人情风俗，还攻读了不少声、光、化、电等自然科学书籍，尤其是天文学、物理学和古地质学，对他产生了很大的影响。

航天精英钱学森

中国航天事业的发展是与钱学森的名字联系在一起的。钱学森1911年12月11日出生于上海，1934年毕业于上海交大。1935年赴美留学，1938年在加利福尼亚理工学院著名专家冯·卡门指导下获博士学位。1943年，他与马林纳合作完成的研究报告《远程火箭的评论与初步分析》，为美国40年代研制成功地对地导弹和探空火箭奠定了理论基础。其设计思想被用于“女兵下士”探空火箭和“二等兵A”导弹的实际设计中，所获经验直接导致了美国“中士”地对地导弹的研制成功，并成为后来美国采用复合推进剂火箭发动机的“北极星”“民兵”“海神”导弹和反弹道导弹的先驱。

此后，钱学森又在超高速及跨音速空气动力学、薄壳稳定理论方面对航空工程理论有许多开创性的贡献。他和卡门一起提出的高速音速流动理论，为飞行器克服音障和热障提供了依据，以他和卡门名字命名的卡门——钱学森公式成为空气动力计算上的权威公式，并被用于高亚音速飞机的气动设计。由于他对火箭技术理论卓有建树，并于1949年提出核火箭的功能设想，因而在当时被公认为火箭技术方面的权威学者。

1955年，钱学森冲破美国当局的层层阻挠回到了祖国，投身于创建中国航天事业当中。1956年2月17日，他向国务院提交了一份《建立我国国防工业意见书》，最先为我国火箭技术的发展提出了极为重要的实施方案。同年10月，他又受命组建我国第一个火箭研究院——国防部第五研究院，并担任第一任院长。接着，他长期担任航天研制的技术领导。在他的参与下，1960年11月我国成功发射第一枚仿制火箭，1964年6月29日我国第一枚自行设计的中近程火箭飞行试验取得成功。1965年钱学森建议制订人造卫星研制计划并列入国家任务，最终使我国第一颗卫星于1970年到太空遨游。在50年代初，钱学森把控制论发展为一门技术科学——工程控制论，为飞行器的制导理论提供了基础。他还创立了系统工程理论，并广泛应用。由于钱学森在中国航天科技方面的卓越成就，1989年6月，国际理工研究所向他颁发了小罗克韦尔奖章；1991年10月，我国政府授予他“杰出贡献科学家”的称号。

铁路之父詹天佑

爱国工程师詹天佑于1861年4月26日出生在广东南海县，他的父亲詹洪原是一个茶商，因英、法帝国主义的侵略而破产，只能靠种田维持一家生活。

詹天佑从小就从大人那里听到许多关于反抗英法侵略的故

事，也看到清朝统治者的腐败无能，在他幼小的心灵里播下了爱国的种子。

詹天佑七八岁的时候，被送到私塾里读书，但是，他对那些《四书》《五经》不感兴趣，而喜欢摆弄一些机械。他经常用一些捡来的小螺丝钉、小齿轮、旧发条作玩具，还用泥巴捏轮船、起重机，许多小伙伴都成天追着他一块玩。在上学的路上，他经常站在工厂外面，观看里面的机器，运货车，琢磨来，琢磨去，常常忘记了上学。有一天，他看着家中墙上的挂钟出了神。那挂钟为什么会嘀嗒嘀嗒走个不停呀？为什么会打点呀？想着想着，他就动手把挂钟拆开，想看个究竟。可是，再想按原样装起来的时候，怎么摆弄也装不好了，急得他满头大汗。父亲看见，虽然有些生气，还是领着他到县里的钟表店，让他仔细看工匠怎么拆装钟表。

1871年底，詹天佑11岁了，已经在私塾读了4年多了。父亲正在琢磨在他念完私塾以后，让他去做工挣钱。这时，同乡谭伯村匆匆从香港来到南海，说那里正在选拔幼童出洋留学。谭伯村也是一位商人，从小看到詹天佑聪明好学，非常喜欢他，也经常用钱财接济他们家。

谭伯村极力劝詹兴洪夫妇送孩子去参加留美考试，认为这关系孩子的前途。詹兴洪却担心儿子年小，出这样的远门很不放心，而且，家里的经济状况也不大好。谭伯村表示，经济上愿意资助，而且把自己的四女儿许配给天佑。这样才决定送詹天佑去香港参加留学考试。

1872年，詹天佑顺利通过了考试，父亲也在清政府的出洋“甘结”上签了字。所谓“甘结”就是一种合同，可以说跟卖身契差不多。比如，“甘结”中规定，必须听从清政府差遣，如有疾病甚至生死之险，概不负责等。

12岁的詹天佑经过半年的出国培训，于1872年7月登上了赴美的洋轮，开始了留学生活。一开始，他进了美国的一个“诺索布寄宿学校”上小学，学英语。1876年进入纽海文希尔豪斯中学（丘屋中学），两年后毕业又考入耶鲁大学土木工程系。

在美国留学期间，詹天佑学习非常刻苦，也很注意锻炼身体，立志为早日富强祖国而学习科学。在120名留美官费生中，只有两人顺利完成大学的学业获得学位，詹天佑是其中的一个，他的毕业论文《码头起重机的研究》获得很高的评价。

1881年，我国第一批留美学生奉召回国。当时，在清政府中洋务派与顽固派斗争很激烈。洋务派主张学习西方科学，改良中国社会，而顽固派却因循守旧，千方百计维护封建统治。由于顽固派吴子登等人多次向清政府密报称，留美学生不好好读书，成天沉溺于游玩交际，甚至信奉洋教，加入美国秘密政治社团，离经叛道。清政府担心这些留学生成为逆端，危害朝廷，而下令将留美学生全部押送回国，交地方政府管束。

留美学生回国后，北洋大臣李鸿章在北京接见。按当时清朝的规定，学子们必须身穿长袍马褂，头结长辫。詹天佑出于无奈，脱下了西装，罩上了长袍，但说什么也不肯戴假辫子。

在接见时，李鸿章正襟危坐，看到这些留学生直挺挺的叉腿而立，既不屈身，也不作揖，特别是看到詹天佑头上没有长辫，大发脾气，大声嚷道："离经叛道，无父无君!"说完拂袖而去，下令让这些留学生等候分发。

有些留学生，为了前途，想谋个好差事，就想方设法托人找门路，送钱送礼，而詹天佑都不肯去叩拜权贵。最后，他被派往福州水师学堂学习海船驾驶，真是学非所用，风马牛不相及。詹天佑的一颗报国心凉了半截，心想不如回家算了。在好友严复的劝说下，詹天佑才忍气去了福州。自此，詹天佑在回国后的七年时间里，先后在福建水师当驾驶官，在广州博学馆和广州水陆师学堂教英文。

1887年，詹天佑与谭伯村的四女儿菊珍结婚，但心中非常苦闷，学非所用，前途何在？何日能报效国家？正在詹天佑报国无门，十分苦闷的时候，他的老同学邝孙谋从天津来信，问他愿不愿意北上担任中国铁路公司的工程师。他求之不得，就高兴地答应了下来。

1888年，詹天佑应邝孙谋之邀北上天津，担任了铁路工程师，他非常兴奋。从此，他决心献身铁路事业，为国效力，为国争光。他的一个心愿就是，中国的铁路要中国人自己修。

当时，中国已经开始修建铁路，但都是由外国人出钱雇人修的。詹天佑眼看着中国人不能在自己的土地上修建自己的铁路，而洋人修的铁路都用来推销洋货，掠夺中国物产，詹天佑感叹不已！

詹天佑在北上之前，特地回家乡看望了父母。亲人们都为他北上有了新的工作而高兴。在路过上海时，詹天佑专门到吴淞凭吊了淞沪铁路的遗迹。这是英国在中国修建的第一条铁路。十四年前，在通车时震惊了愚昧顽固的西太后，她认为这庞然大物的火车头，喷烟吐雾，拖着长龙轰隆隆的奔跑，“破坏了大清的风水”，因而下令用18万两白银从英国人手中买回来，拆毁所有的机车和铁轨，用轮船运到台湾，沉入湖中。

詹天佑到中国铁路公司以后，先后参加了唐胥轻便铁路（以后延长到天津），和关内外铁路的建设，但修路大权都控制在外国工程师的手里，詹天佑总是深入工地，实地组织工人施工。到1905年5月，清政府才下令修京张铁路。詹天佑被任命为总工程师兼会办。由中国人自己修建铁路的日子终于来到了。

一些商人一再要求修一条通往西北的铁路。京张铁路是沟通西北的通道，不仅可将西北的皮毛、驼绒和牛羊与内地的茶叶、丝绸、纸张等交换，而且，对镇守北疆也很重要。修建铁路的好处已经显现，不仅方便捷达，而且赚钱不少。

清朝政府决定修建京张铁路，但英、俄两国都要抢夺修建京张铁路的权利。怎么办呢？在这种情况下，清朝政府为避免麻烦提出不用外国工程师，由中国工程师修建。英国帝国主义认为，反正中国修铁路一定要向他借钱，不愁控制京张铁路；帝俄则想，中国人肯定修不了京张铁路，还得向他们求援，甚至有的外国工程师还扬言，能修京张铁路的工程师还没出生呢！在中国内部也有不少议论，说詹天佑修建过这样的险要的铁路么？他能找到几个中国的铁路工程师？有的人还断言，詹天佑修小铁路还可以，修京张铁路肯定要失败。

詹天佑正在为修建京张铁路紧张筹划的时候，西太后突发奇想，下令要在当年十月初一她生日之前修成万寿山支线，她要坐着火车去颐和园过生日。要在不到5个月的时间里修成万寿山支线，困难重重，谈何容易。詹天佑只好咬紧牙关，同时领导京张铁路和万寿山支线两条铁路的修建。很快，詹天佑完成了万寿山支线的设计和测量工作，但要修成困难很大，要在十月初一修成不可能。西太后听说这一情况以后，竟然同意不用抢修万寿山支线了，詹天佑松了一口气，可以集中精力修京张铁路了。

修建京张铁路，最困难的是从南口到青龙桥这一段。主要是山势陡峭坡度高，还需要修很长的隧道。詹天佑作为总工程师每天骑着毛驴，亲自与工程技术人员去实地进行勘测。不管天气多么恶劣，有时狂风大作，有时暴雨不断，他总是身背标杆和测量仪，奔波在崎岖的山间小路。暴雨袭来，他和大家一起躲在崖石下，等天晴了，继续勘测，吃了不少苦。

詹天佑带领工程技术人员，历尽艰险，前后勘测了三条线路。一条是关沟线。这条线路从南口至岔道城，长22公里，经过居庸关、青龙桥、八达岭，尽是悬崖峭壁，坡陡路险，工程量大，而运输量有限。第二条线路是热河线，从青龙桥绕过八达岭，转向东北方，经十三陵到延庆。这条线路虽然长出15公里，但坡度较平缓，也无须开凿八达岭那样长的隧道，但要专门修一条运料的路，费时费钱。第三条路就是现在修成的丰沙线，从西直门往西，绕过石景山，经三家店，到沙城附近出山到张家口。这条线路比较理想，但山势更加峻峭，坡度小但要修隧道65孔，工程费用较高。经过反复比较，最后，詹天佑采用了关沟线路。

京张铁路穿过崇山峻岭，坡度很大。按照国际的一般设计方法，铁路每升高1米，就要经过100米的斜坡。为了缩短线路，降低费用，詹天佑设计的线路则是每提高1米，仅需修33米的斜坡。不过，这样坡度大了，火车爬山就更加吃力。怎样使列车这庞然大物顺利开上山，詹天佑整天开动脑筋思索着。

有一天晚上，詹天佑苦思冥想列车爬坡的方法，到了夜深还未休息。他的妻子和女儿陪伴他画图设计。夜深了，屋子里很冷，女儿手指冻得有点僵硬，一不小心，将冰凉的剪刀掉在了地上。詹天佑听见响动，从凝思中惊醒过来。他看着掉在地上的剪子，突然大声叫道："有了！有了！"他的妻子和女儿莫名其妙。詹天佑非常高兴地说："八达岭的铁路可以仿照剪子那样修建，火车一折一返地往上爬，不就可以翻山越岭了吗？"后来，青龙桥那段铁路修成了"之"字形线路，火车一曲一折的轻轻松松爬上了山。当地人把这段铁路称之为"剪子岭"。

1905年12月12日，京张铁路正式开工。在丰台，詹天佑亲手抡起大锤钉进了第一枚道钉。成千上万的人欢呼，道贺。中国人自己修建的第一条铁路——京张铁路开工了。

修建京张铁路，谈何容易。崇山峻岭，爬坡钻洞，又没有机械设备。这还不说，清廷的达官显贵刁难阻挡，洋人造谣拆台，詹天佑面临的是千难万险，内外夹攻。但是，一心爱国，决心献身中国铁路事业的詹天佑毫不畏惧，坚信京张铁路一定能够建成。

硬闯贵族坟，铁路通南口。京张铁路终于开工了，但困难重重。当时，中国非常落后，修铁路没有机械，连运送铁轨的车辆都没有。开工以后，头根铁轨都是詹天佑和工人们推着平板车运到工地的。当路轨铺到清河镇广家坟地的时候，碰到了一个硬钉子。原来，这广家坟地的主人曾任锦州道台，与恭亲王载泽的孙女结亲。广家依仗皇亲的势力，雇人卧轨，阻挡铺轨。而广家坟地附近，还有慈禧太后父亲坟、郑王坟、太监坟。左避右闪，铁路无法通过。恭亲王坚持要铁路改线，并愿出银酬谢。詹天佑哪里肯答应，他认为这是变相贿赂，宁可辞职也不能更改线路。正在这时，恭亲王出洋回来遭到革命党狙击，吓得不敢出门，无心再过问广家的事。广家只好应允铁路从墓地围墙外通过，但提出为保护风水，必须在附近挖一条小河，派三品官设祭，还要立碑纪念。工程队人员觉得这是无理取闹，詹天佑为修通铁路，答应派人去广家坟院拜祭，立碑之事不予理睬。克服了重重困难，京张铁路首战告捷，1906年9月3日，通车到南口。

成功开凿4孔隧道。南口通车以后，詹天佑领导工程人员又开始了京张铁路最艰难的一段工程——在关沟地带开凿四孔隧道。四孔隧道包括居庸关、五桂头、石佛寺和八达岭隧道，总长1645米，其中八达岭隧道长1091米，其次是居庸关隧道，长367米。

居庸关山势非常险峻，岩石也很厚，开凿隧道非常困难。为了加快工程进度，詹天佑采用从两端对凿的方法。詹天佑亲自教给凿工凿炮眼、下炸药的方法。当开凿到洞中几十米的地方，山顶的泉水渗透得很厉害，洞中泥泞无法下炸药。没有抽水机，詹天佑就带领工人挑着水桶排水。为防止两壁和顶部土方塌落，工程队员用水泥砌边墙环拱，筑起水沟排除积水。就这样，终于在1908年4月12日凿通了居庸关隧道。

八达岭隧道最长（1 091米）。这么长的隧道从两头同时开凿不行。詹天佑在隧道的中部开凿两个竖井，两个竖井都同时向两个方向开凿，使整个隧道分成三段。这样，两个竖井同时向两个方向凿进，整个隧道的两头也同时向隧道里边凿进。加快了工程进度。但是，当时没有什么设备，比如，运载工人上下竖井，运送器材，炸药，运出土石和积水，因为没有升降机，只好用民间的辘轳架在井口，用人工升降。隧道内没有抽风机，空气污浊，詹天佑就在井口架起扇风机，通过铁管往隧道里送进新鲜空气。詹天佑处处为工人着想，和工人们一起在井下施工，总是身先士卒，得到工人们的拥护。1908年5月12日，八达岭隧道凿通。

很快，其他两个隧道也先后凿通。到1909年9月24日，京张铁路全线通车，成为中国铁路建设史上辉煌的一页。

称量皇冠的阿基米德

在一般人看来，阿基米德是个“怪人”。用罗马历史学家普鲁塔克的话说：“他像是一个中了邪术的人，对于饭食和自己的身体全不关心。”有时候，饭摆在桌子上叫他吃饭，他好像没听见，仍旧在火盆的灰里画他的几何图形。他的妻子，要时时看守他。譬如他用油擦身的时候，便呆坐着用油在自己身上画图案，而忘记原来是作什么事的了。他的妻子更怕送他到浴堂里去洗澡，这个笑话是因为国王的一个新冠冕而引起的。

国王在前不久，叫一个工匠替他打造一顶金皇冠。国王给了工匠他所需要的数量的黄金。工匠的手艺非常高明，制作的皇冠精巧别致，而且重量跟当初国王所给的黄金一样重。可是，有人向国王报告说：“工匠制造皇冠时，私下吞没了一部分黄金，把同样重的银子掺了进去。”国王听后，也怀疑起来，就把阿基米德找来，要他想法测定，金皇冠里掺没掺银子，工匠是否私吞黄金了。这次，可把阿基米德难住了。他回到家里冥思苦想了好久，也没有想出办法，每天饭吃不下，觉睡不好，也不洗澡，像着了魔一样。

有一天，国王派人来催他进宫汇报。他妻子看他太脏了，就逼他去洗澡。他在澡堂洗澡的时候，脑子里还想着称量皇冠的难题。突然，他注意到，当他的身体在浴盆里沉下去的时候，就有一部分水从浴盆边溢出来。同时，他觉得入水愈深，则他的体量愈轻。于是，他立刻跳出浴盆，忘了穿衣服，就跑到人群的街上去了。一边跑，一边叫："我想出来了，我想出来了，解决皇冠的办法找到啦!"

他进皇宫后，对国王说："请允许我先做一个实验，才能把结果报告给你。"国王同意了。阿基米德将与皇冠一样重的金子、一块银子和皇冠，分别一一放在水盆里，看金块排出的水量比银块排出的水量少，而皇冠排出的水量比金块排出的水量多。

阿基米德对国王说："皇冠掺了银子!"国王看了实验，没有弄明白，让阿基米德给解释一下。阿基米德说："一公斤的木头和一公斤的铁比较，木头的体积大。如果分别把它们放入水中，体积大的木头排出的水量，比体积小的铁排出的水量多。我把这个道理用在金子、银子和皇冠上。因为金子的密度大，而银子的密度小，因此同样重的金子和银子，必然是银子的体积大于金子的体积。所以同样重的金块和银块放入水中，那么金块排出的水量就比银块的水量少。刚才的实验表明，皇冠排出的水量比金块多，说明皇冠的密度比金块的密度小，这就证明皇冠不是用纯金制造的。"阿基米德有条理的讲述，使国王信服了。实验结果证明，那个工匠私吞了黄金。

阿基米德的这个实验，就是"静水力学"的胚胎。但他并不停留在这一点上，继续深入研究浮体的问题。结果发现了自然科学中的一个重要原理——阿基米德定律。即：把物体浸在一种液体中时，所排开的液体体积，等于物体所浸入的体积；维持浮体的浮力，跟浮体所排开的液体的重量相等。

刨根问底的伽利略

伽利略1564年生于意大利的比萨城，就在著名的比萨斜塔旁边。他的父亲是个破产贵族。当伽利略来到人世时，他的家庭已经很穷了。17岁那一年，伽利略考进了比萨大学。在大学里，伽利略不仅努力学习，而且喜欢向老师提出问题。哪怕是人们司空见惯、习以为常的一些现象，他也要打破砂锅问到底，弄个一清二楚。

有一次，他站在比萨的天主教堂里，眼睛盯着天花板，一动也不动。他在干什么呢？原来，他用右手按左手的脉搏，看着天花板上来回摇摆的灯。他发现，这灯的摆动虽然是越来越弱，以至每一次摆动的距离渐渐缩短，但是，每一次摇摆需要的时间却是一样的。于是，伽利略做了一个适当长度的摆锤，测量了脉搏的速度和均匀度。从这里，他找到了摆的规律。钟就是根据他发现的这个规律制造出来的。

家庭生活的贫困，使伽利略不得不提前离开大学。失学后，伽利略仍旧在家里刻苦钻研数学。由于他的不断努力，在数学的研究中取得了优异的成绩。同时，他还发明了一种比重秤，写了一篇论文，题目为《固体的重心》。此时，21岁的伽利略已经名闻全国，人们称他为“当代的阿基米德”。在他25岁那年，比萨大学破例聘他当了数学教授。

在伽利略之前，古希腊的亚里士多德认为，物体下落的快慢是不一样的。它的下落速度和它的重量成正比，物体越重，下落的速度越快。比如说，10千克重的物体，下落的速度要比1千克重的物体快10倍。

1700多年前以来，人们一直把这个违背自然规律的学说当成不可怀疑的真理。年轻的伽利略根据自己的经验推理，大胆地对亚里士多德的学说提出了疑问。经过深思熟虑，他决定亲自动手做一次实验。他选择了比萨斜塔做实验场。这一天，他带了两个大小一样但重量不等的铁球，一个重100磅，是实心的；另一个重1磅，是空心的。伽利略站在比萨斜塔上面，望着塔下。塔下面站满了前来观看的人，大家议论纷纷。有人讽刺说：“这个小伙子的神经一定是有病了！亚里士多德的理论不会有错的！”实验开始了，伽利略两手各拿一个铁球，大声喊道：“下面的人们，你们看清楚，铁球就要落下去了。”说完，他把两手同时张开。人们看到，两个铁球平行下落，几乎同时落到了地面上。所有的人都目瞪口呆了。伽利略的试验，揭开了落体运动的秘密，推翻了亚里士多德的学说。这个实验在物理学的发展史上具有划时代的重要意义。

“诗歌迷”雨果

法国作家雨果中学时代是个“诗歌迷”。在他的书桌抽屉里，藏着一大摞写满诗歌的笔记本。他视这些笔记本为宝贝，每当离开教室的时候，总要给抽屉上好锁，唯恐笔记本会“不翼而飞”。

在雨果读书的中学里，有两个思想保守的人物。一个是校长高底埃，另一个是数学老师德高特。他俩都反对学生写诗，认为这是“非分”的事。尤其是那个德高特，经常偷偷监视学生的行动。只要发现哪个学生稍有“不轨”，准要到高底埃校长那儿告上一状。

有一天晚上，雨果突然发现自己书桌的锁被人撬开，笔记本一本也不见了。他大惊失色，急得直跺脚，心想，这事准是讨厌的德高特干的。

雨果果然没有猜错。第二天，他被人叫进校长办公室。一进门，只见高底埃和德高特正襟危坐，脸色阴沉，桌子上放着一摞笔记本。没等雨果开口，德高特先质问起来：“学校曾三令五申，学生不准写诗。你怎么胆敢违抗呢？”

“可谁允许你撬别人的锁？”雨果反问一句。

德高特简直不相信自己的耳朵了，没想到小小的雨果竟敢和自己顶嘴。

“你想被学校开除吗?”“把我的笔记本还给我!”高底埃和德高特面面相觑。他们心中火冒三丈，但又不想把矛盾激化。“拿走你的笔记本吧!”高底埃无可奈何地说，接着，又讲了一套学生应当循规蹈矩的大道理。但雨果仍然认为，学生写诗是没有错的。他拿起桌上的笔记本，一言不发地离开了校长办公室。

失聪的贝多芬

贝多芬全名叫路德维希·冯·贝多芬。贝多芬的童年是痛苦的。人生对他来说就好像是一场悲惨而残暴的斗争。父亲急于想开发他的音乐天分，使用暴力迫使贝多芬练习各种乐器。当他稍长大一些，厄运又一次降临到了贝多芬的头上：他失去了最亲爱的母亲，贝多芬悲痛欲绝，只有写信向朋友哭诉。

苦难中长大的贝多芬也是幸运的。法国大革命爆发之时，贝多芬曾遇见莫扎特，并相互交流。接着，又拜海顿为师。后来，贝多芬开始崭露头角。就在贝多芬初次尝到成功的甜蜜的时候，痛苦又一次降临，慢慢地贝多芬耳朵的听觉越来越衰退，他的内脏也受着剧烈的痛苦的折磨，但他还是瞒着所有人，直到他再也不能隐瞒了，才写信给韦格勒医生和阿曼达牧师这两位好友。贝多芬耳聋的程度是逐渐增加的，但没有完全聋，可以说，几乎贝多芬所有的作品都是耳聋后写的。

人们在贝多芬那青春洋溢的脸上看到了天才的目光：从那目光里人们又可以看到他悲惨的命运。之后的岁月里，性格过于自由暴躁的贝多芬也不止一次地遭到了爱情的否决，在遭受这些痛苦之时，贝多芬又必须承受着另一种痛苦。

不但如此，他的身体也“背叛”了他，先后得了肺病、关节炎、黄热病、结膜炎等等，身体一天不如一天，尽管如此，但他从未放弃过音乐。要知道面对这么大的困难，贝多芬却毫不动摇，这需要用多大的勇气和毅力啊！

生命的沸腾掀起了音乐的终曲，贝多芬渴望幸福。他不愿相信自己的不幸是不可医治的。他渴望治愈，他渴求爱情，他充满着希望。贝多芬与命运抗争，最终成为名人。贝多芬在写给弟弟们的信中曾说过：“只有道德才能使人幸福，而不是金钱。”

欧姆定律

乔治·西蒙·欧姆生于德国埃尔兰根城，父亲是锁匠。父亲自学了数学和物理方面的知识，并教给少年时期的欧姆，唤起了欧姆对科学的兴趣。16岁时他进入埃尔兰根大学研究数学、物理与哲学，由于经济困难，中途辍学，到1813年才完成博士学业。欧姆是一个很有天赋和抱负的人，他长期担任中学教师，由于缺少资料和仪器，给他的研究工作带来不少困难，但他在孤独与困难的环境中始终坚持不懈地进行科学研究，自己动手制作仪器。

欧姆对导线中的电流进行了研究。他从傅里叶发现的热传导规律受到启发，导热杆中两点间的热流正比于这两点间的温度差。因而欧姆认为，电流现象与此相似，猜想导线中两点之间的电流也许正比于它们之间的某种驱动力，即现在所称的电动势。欧姆花了很大的精力在这方面进行研究。开始他用伏打电堆作电源，但是因为电流不稳定，效果不好。后来他接受别人的建议改用温差电池作电源，从而保证了电流的稳定性。但是如何测量电流的大小，这在当时还是一个没有解决的难题。开始，欧姆利用电流的热效应，用热胀冷缩的方法来测量电流，但这种方法难以得到精确的结果。后来他把奥斯特关于电流磁效应的发现和库仑扭秤结合起来，巧妙地设计了一个电流扭秤，用一根扭丝悬挂一磁针，让通电导线和磁针都沿子午线方向平行放置；再用铋和铜温差电池，一端浸在沸水中，另一端浸在碎冰中，并用两个水银槽作电极，与铜线相连。当导线中通过电流时，磁针的偏转角与导线中的电流成正比。他将实验结果于1826年发表。

欧姆定律发现初期，许多物理学家不能正确理解和评价这一发现，并遭到怀疑和尖锐的批评。研究成果被忽视，经济极其困难，使欧姆精神抑郁。直到1841年英国皇家学会授予他最高荣誉的科普利金牌，才引起德国科学界的重视。

欧姆在自己的许多著作里还证明了：电阻与导体的长度成正比，与导体的横截面积和传导性成反比；在稳定电流的情况下，电荷不仅在导体的表面上，而且在导体的整个截面上运动。

人们为纪念他，将测量电阻的物理量单位以欧姆的姓氏命名。

托里拆利与流体力学

托里拆利是17世纪西方的一位颇负盛名的科学家。他在正当39岁生日之际，突然病倒，与世长辞。可他在短短的一生中，取得了多方面杰出的成就，赢得了很高的声誉。

他从小就受到了良好的数学教育。在十七八岁时，卓越的数学才能已初露锋芒。于是在他20岁时，伯父将他带到罗马，受教于伽利略的学生卡斯德利。卡斯德利是当时远近闻名的数学家和水利工程师，他在数学领域内很多方面都有卓著的成就，还为水力学创立了科学的基础。卡斯德利见托里拆利年轻聪慧，十分喜爱，便指派他为自己的私人秘书，在学术上给予他指导。

托里拆利深刻研究了伽利略的《两种新科学的对话》一

书。从中获得了有关力学原理的发展的很多启发。1641年，托里拆利出版了《论重物的运动》一书，企图对伽利略的动力学定律做出新的自己的结论。卡斯德利在一次拜访伽利略时，将托里拆利的论著给伽利略看了，还热情推荐了托里拆利。伽利略看完托里拆利论著之后，表示非常欣赏他的卓越见解，便邀请他前来充当助手。1614年，托里拆利来到佛罗伦萨，会见了伽利略，此时伽利略已双目失明，终日卧在病床上。在他生命的最后三个月中，托里拆利和他的学生维维安尼担任了伽利略口述的笔记者，成了伽利略最后的学生。

1642年伽利略逝世后，托里拆利接替伽利略任佛罗伦萨科学院的物理学和数学教授，并被任命为宫廷首席数学家。从此他有钱可以做一些实验研究，不再像以往那样只能从事理论探索。后来，托里拆利大大充实了伽利略的《两门新科学的对话》“第五、六两天”的内容。

托里拆利在佛罗伦萨生活了五年，直至去世。在这五年多的时间里，他进行了大量的科学研究，还结识了画家罗莎，古希腊文明学者达狄和水利工程师阿里盖提，并受到了上层人物们的普遍敬重。他还应邀在秕糠学会作了12次学术演讲，演讲题材广泛，其中有6次是关于物理学方面的。这些讲稿在语词方面均无瑕疵可挑，为常人所不及，是典型的意大利文学作品。他的演讲中还充满着文艺复学时代的那股斗争精神，抨击了那种尽全力维护顽固守旧势力的天主教思想，多次欢呼伽利略的成就，捍卫伽利略的学说。

托里拆利对发展力学所做的最重要的贡献是创立了著名的液体从容器细孔流出的理论。当时，水力学权威卡斯德利认为水流的速度跟孔到水面的距离成正比，且这一见解又得到伽利略的赞同，无人敢怀疑。托里拆利为弄清楚这一道理，认真地做了实验，进行了仔细的测量。结果发现，从器壁小孔流出的水流的速度不是跟孔到水面的距离成正比，而是跟此距离的平方根成正比。水流初速度 v 与桶中水面相对于孔口高度差 h 的关系式为 $v=A\sqrt{h}$（A为常数）。后人称此式为托氏的射流定律。约在他之后的一个世纪，丹尼尔·伯努利才得出 $v=\sqrt{2gh}$ 的结果。托里拆利后来又通过实验证明了从侧壁细孔喷出来的水流的轨迹是抛物线形状。托里拆利的这些发现，为使流体力学成为力学的一个独立的分支奠定了基础。

托里拆利也具有很高的数学造诣。他在数学方面最大的贡献是进一步发展了卡瓦列里的“不可分原理”，帮他走向后来牛顿和莱布尼兹所创立的微积分学。他在《几何学文集》中提出了许多新定理，如：由直角坐标转换为圆柱坐标的方法，计算有规则几何图形板状物体重心的定理。还成功地结合力学问题来研究几何学。例如，他研究了在水平内的一定速度抛出物体所描绘的抛物线上作切线的问题，还研究了物体所描绘的抛物线的包络线。他曾测定过抛物线弓形内的面积，抛物面内的体积以及解决了其他十分复杂的几何难题。

托里拆利还将卡瓦列里的“不可分原理”以通俗易懂的方式写得颇受广大读者欢迎，对“不可分原理”的普及起了推动作用。

当时学术界对空气是否有重量和真空是否可能存在的问题还认识不清，主要是受亚里士多德思想的遗留影响，认为“世间万物之中除了火和空气以外均有各自的重量”，并坚持自然界“害怕真空”的说法。伽利略对此说法表示怀疑，他说：“我们不能相信亚里士多德所说的那样，仅仅认为某物是轻的，某物是重的，而应当认识到所有的物体都有其各自的重量，只不过各有重量大小不同和质地疏密之分而已。”“如果人们凭感觉和理解都还不能认识到真空的存在，那么凭感觉和理解又如何能否认真空的存在呢？”伽利略曾发现，抽水机在工作时，不能把水抽到10米以上的高度，他把这一现象归结为水柱受不了它本身重量之故，再找不到合理满意的解释。

托里拆利坚决赞同伽利略的关于空气有重量和真空存在的说法。在总结前人理论和实验的基础上，托里拆利进行了大量的实验，实现了真空，验证了空气有重量的事实，否定了伽利略的关于真空力的说法。

大约在1641年，一位著名的数学家、天文学家贝尔提曾用一根10米多长的铅管做成了一个真空实验。托里拆利受到了这个实验的启发，想到用较大密度的海水、蜂蜜、水银等做实验。他选用的水银实验，取得了最成功的结果。他将一根长度为1米的玻璃管灌满水银，然后用手指顶住管口，将其倒插进装有水银的水银槽里，放开手指后，可见管内部顶上的水银已下落，留出空间来了，而下面的部分则仍充满水银。为了进一步证明管中水银面上部确实是真空，托里拆利又改进了实验。他在水银槽中将其水银面以上直到缸口注满清水，然后把玻璃管缓缓地向上提起，当玻璃管管口提高到水银和水的界面以上时，管中的水银便很快地泻出来了，同时水猛然向上窜管中，直至管顶。由此可见，原先管内水银柱以上部分确实是空无所有的空间。原先的水银柱和现在的水柱都不是被什么真空力所吸引住的，而是被管外水银面上的空气重量所产生的压力托住的。

托里拆利的实验是对亚里士多德的力学的最后致命打击，于是有些人便妄图否定托里拆利的研究成果，提出玻璃管上端内充有“纯净的空气”，并非真空。大家各抒己见，众说纷纭，引起了一场激烈的争论。争论一直持续到帕斯卡的实验成功证实托里拆利的理论后才逐渐统一起来。

托里拆利在实验中还发现不管玻璃管长度如何，也不管玻璃管倾斜程度如何，管内水银柱的垂直高度总是76厘米，于是他提出了可以利用水银柱高度来测量大气压，并于1644年同维维安尼合作，制成了世界上第一个水银气压计。

自学成才的赫胥黎

赫胥黎，英国博物学家，曾任英国科学促进协会主席，伦敦大学校长，终身从事自然科学研究，积极宣传和捍卫达尔文的进化论学说，是第一个提出人类起源问题的学者。

赫胥黎生于英国伦敦西部的伊林，8岁时开始上学读书。由于家境贫寒，赫胥黎只读了两年书就停学了。但是他爱好学习，每天坚持自学，在他自己制订的教育课程表上，只留下了一个项目：阅读。赫胥黎读书非常刻苦，每天天不亮就起床读书。因为家里穷，没钱买书桌，赫胥黎就点起一支蜡烛，将毛毯披在肩上，然后坐在床上读书。赫胥黎学习兴趣相当广泛，对什么都感兴趣。开始时想学土木工程，又想搞桥梁建筑；后来又转到了医学方面，跟父亲的一个朋友专门学医。由于他聪明好学，很快就掌握了一些医学知识。但是当他想进外科学院进修深造时，因为年龄小，未能如愿。赫胥黎求知欲非常旺盛，学习上永不满足，他在工作之余，又自学了法、德、意、拉丁和希腊等语言，成为一个自学成才的伟大学者。

在赫胥黎21岁时，他以海军军医的身份作了他一生中最有意义的第一次冒险远航，根据远航的见闻和研究成果，他发表了论文——《关于水母的解剖学》，受到了科学界的高度赞扬，并获得了皇家奖章，被选为皇家学会会员。从此以后，赫胥黎迈开了更大的步伐。接着发表了一系列专著和论文，很快成为当时英国最年轻、最有希望的科学家。

在达尔文发表《物种起源》一书后，他竭力支持和宣传进化学说。为了保卫达尔文的学说，赫胥黎在以后的30年间，改变了自己的学术研究方向，转而研究脊椎动物化石。

在伦敦南部肯辛顿博物馆的达尔文雕像旁，无愧地屹立着赫胥黎的大理石像。

安徒生的童话世界

有这样一个故事，流传得很广很广，鸭妈妈在孵鸭蛋，蛋壳一个接一个地破了，小鸭子争先恐后地钻出来。最后，只剩下一个特别大的蛋，好久没有破开，鸭妈妈把它孵了又孵，终于，从里面钻出来一个又大又丑的小鸭子。因为丑，它到处挨打受气，鸡鸭们啄它，打它，喂鸡鸭的用人踢它，孩子们捉弄它。丑小鸭无法生活，逃到树林里去了。春天到了，丑小鸭来到池塘边，看见三只白天鹅轻盈地浮在水面上。它高兴地向它们游去，希望永远和这些美丽可爱的伙伴在一起。这时候它看到了自己在水中的影子，那已经不是一只丑小鸭，而是非常美丽的白天鹅了。这个优美的故事，是全世界最著名的童话作家安徒生送给孩子们的礼物，这只热爱生命、追求高贵理想的丑小鸭，就像安徒生自己。

在欧洲北部波罗的海到北海的出口处，有个丹麦王国。200多年前，在这个国家的一个叫奥登塞的古老的小城镇里，安徒生出生了。

安徒生的家非常穷苦，父亲是个鞋匠，母亲是个洗衣妇。在一间低矮阴暗的小房子里，除了制鞋用的工具和一些破烂以外，什么都没有。安徒生小时候特别爱哭，在父亲的铁锤“叮叮”的敲打声中，在母亲的啜泣和叹息声里，他时常号啕大哭，好像在悲叹自己的命运。

穷人的孩子总要受气的。安徒生长得不漂亮，穿得破破烂烂。富人家的孩子经常打他，羞辱他。在这样冷酷的环境里，安徒生的性格变得十分孤独。父亲在世的时候，非常喜欢安徒生，给他讲《一千零一夜》里的神奇故事，给他念莎士比亚的剧本，自小培养了他对文学的兴趣。父亲逝世以后，他的生活越发孤寂和凄凉。他常常一个人跑到树林里去唱歌游玩，或者趴在草地上编花环。回到家里，就找点布头布条，替木偶缝制小衣裳。实在太寂寞了，就到一些老太婆那里去，听她们讲妖魔鬼怪的故事。有时候，他走近静静流过的奥登塞河，看着母亲赤着双脚，站在冰冷的水里，替别人洗衣服。寒风吹乱了她的头发，冷水浸透了她的衣裳。实在太冷了，她就呷一口米酒，稍微暖和一下身子，又继续劳作了。此情此景，安徒生看在眼里，痛在心头。这是怎样的世道啊！

生活实在太艰难，母亲不得已改嫁了。继父既不会讲故事，也不大喜欢安徒生。母亲暗暗地为儿子的前途忧虑。她想方设法把儿子送进学校，让他认识几个字，希望儿子长大作个裁缝。

可是，安徒生不想当裁缝。他在14岁那年，看过一个从首都哥本哈根来的剧团的演出，使他对演戏发生了极为浓厚的兴趣。他一门心思想当一个演员，想把他的生活，他的感情，在舞台上表现出来。祖母和母亲拗不过这个固执的孩子，只得同意了。在一个阴沉的早晨，安徒生吻别了母亲和祖母，坐上一辆公共马车，离开了奥登塞。他提着又小又破的行囊，辗转来到首都哥本哈根。

五光十色的哥本哈根，使安徒生感到无比新奇，然而更使他惊异的，是京城里的穷人比奥登塞更多。他本能地向贫民区走去，找了一个小客栈住下来。第二天，他就去拜访一位全国闻名的女舞蹈家，想学跳舞。但是被婉言拒绝了。他又去找一个剧团的经理，要求当演员。经理说："你太瘦了，在舞台上不像个样子，人们会把你嘘下台来的。"在那些日子里，安徒生到处碰壁。他身上只有十个银毫，要留着付房租，连吃饭的钱也没有；有时候碰上好心人给一点陈面包，有时候只好什么也不吃，喝两口凉水就上床去睡觉。没有办法，他只好放弃当演员的念头，去给一个木匠当徒弟。没多久，那木匠看他身弱力薄，干不了多少活，把他解雇了。

这个立志献身于艺术事业的孩子，又去拜访音乐学校教授，要求学唱歌，他被收留下来，生活总算安定下来了。这时候，他贪婪地阅读古典文学作品，还模仿莎士比亚的样子，写起诗剧来。

第二年冬天，天气特别冷。安徒生没有钱买衣服鞋子，不断地感冒咳嗽，结果嗓音变得嘶哑了。这样，他又失掉了学习歌唱的条件，不得不走出音乐学校的大门。

虽然一再受到挫折，当演员的希望破灭了，然而从事艺术事业的顽强意志毫不动摇，安徒生另闯出一条路来。他拿着自己写的剧本《阿芙索尔》，去请教一位莎士比亚戏剧的翻译者。他受到了鼓励。这部作品同时也引起了一个刊物的编辑的兴趣，他从中选出一场发表了。

在当时，丹麦许多剧院上演外国剧目，不合新兴的中产阶级的口味，因此剧院要寻找一些本国的作品。皇家歌剧院发现安徒生有写作才能，于是拿出一笔钱来，送他到一所中学去读书，提高他的文化水平，以便把他培养成为专为剧院服务的“剧本写作匠”。

在学校里，安徒生废寝忘食地阅读一切能够找到的文学作品，同时也充分利用时间写诗和剧本。这个学校的校长是个庸才，他瞧不起这个穷家孩子，更不能理解那些用群众口语写出来的作品。他没完没了地对安徒生挑剔、指责和讪笑。终于安徒生不得不离开这所学校。

他租了一间旧房子的顶楼住下来，在这里没日没夜地练习写作。他写剧本，写诗，也写散文等等。有一次，一个有名的文艺刊物《快报》的编者看到了他的诗，很感兴趣，在《快报》上发表了几首，随后又发表了他的幻想性游记的片段。这些作品获得了社会上的好评，使安徒生显露了头角。这样一来，一切都变了样，出版商不惜屈尊爬到阁楼上来，要求出版他的作品。他写的一部新的喜剧顺利地被皇家剧院接受，上演的时候把他请去观看。这个具有百折不回的毅力的穷苦孩子，经过十几年的苦斗，终于踏进了文学殿堂。

安徒生的作品，有扎实的生活基础，他描写的大都是下层人民的生活，用的是从群众中得来的丰富生动的口语。他的作品和当时丹麦上流社会里风行的内容贫乏、语言呆板的作品截然不同，很受广大人民喜爱。因此也引起了一班受过“高等教育”的作家和批评家的嫉妒。这些人都出身于贵族或是地主，生活圈子狭小，他们的作品缺少丰富的内容，只能在形式和技巧上大做文章。这样的作品很难引起读者的兴趣。安徒生的成功，直接威胁着他们。当他们知道安徒生只是一个鞋匠的儿子的时候，就一起跳出来粗暴地攻击安徒生，说他的作品“别字连篇”，没有丝毫“文化”，不懂得“文法”“修辞”等等。安徒生忍受不了这种攻击，为了能够继续工作下去，他有时不得不离开丹麦。1830年到1833年，他到欧洲中部旅行过三次。他又回到了自己熟悉的人民中间，看到了农民、小贩、卖艺人的悲惨生活，也进一步看到了统治阶级的腐朽和堕落。这些更增加了他写作的勇气和信心。在意大利期间，他写出了长篇小说《即兴诗人》，这时他刚满30岁。

就在这个时期，安徒生在努力探索新的创作方向。这个出身微贱的鞋匠的儿子，有着一个凄苦的童年，他希望全世界的孩子免除他那样的命运，都能得到快乐、幸福。他发现在文学楼阁里，有一扇几乎没有打开过的童话之门，而童话对于陶冶孩子们的心灵，又有多么大的魅力啊！他决心为孩子们写作，要亲手把那扇光彩夺目的门打开。

1835年，安徒生出版了第一部童话集《讲给孩子们听的故事》，包括《小克劳斯和大克劳斯》《打火匣》《豌豆上的公主》《小意达的花儿》四篇童话。从那时起，每年过圣诞节，他都要为孩子们出版一册童话，到他逝世的前两年，一共写了160多篇童话。

童话是安徒生的主要创作，他把自己对生活的体验，他的感情和爱憎，通过这些童话故事表达出来。他所描写的大都是虚构出来的情节，主人公也多是一些动物、玩具，但是从这些假人假事里可以清楚地找到真人真事的影子。安徒生对穷苦人民同情，热爱，对统治阶级憎恶，鄙视。在他的笔下，穷苦人都是善良、勤劳、聪明的，如：《她是一个废物》里的洗衣妇，前面讲过的丑小鸭，还有拇指姑娘、玩具锡兵，《海的女儿》里的小人鱼，《野天鹅》里的艾丽莎……相反地，贵族、地主，甚至于皇帝，都是些愚蠢无能的废物。在《豌豆上的公主》里，他写道：从前有一位王子，想找一位公主结婚，但是她必须是一位真正的公主。有一天晚上，外面下着倾盆大雨，突然来了一个湿淋淋的女子，自称是真正的公主。王子的妈妈想考查她，就在床上放了一颗豌豆，然后铺上二十床垫子和二十床鸭绒被，让公主睡在上边。第二天一早，公主大叫睡得不舒服，说床上一块很硬的东西，弄得全身发青发紫。王子一听，相信这是真正的公主了，因为除了公主之外，谁能有这么娇嫩的皮肤呢?

《皇帝的新装》写一位皇帝，他非常喜欢好看的新衣服，每一天每一点钟都要换点新花样，经常泡在更衣室里。有一天来了两个人，自称能够织出世界上最漂亮最奇特的新衣，这种衣服只有聪明人能够看见，如果看不见，那就证明他是不称职的人或愚蠢的人。皇帝想，这可是理想的衣服：穿上它，不但可以大大炫耀一番，而且可以知道谁不称职谁愚蠢。他给这两个人许多最好的生丝和金线作材料，叫他们赶快动手。这两个人其实是骗子，他们把生丝和金线都装进了自己的腰包，只是摆出两架空织布机，装出织布的样子。过几天，两个骗子来见皇帝。他们每人举起一只手，好像捧着东西，说道："请看吧，这就是新衣！"皇帝和所有的大臣什么也看不见，但是大家都怕自己"不称职"和"愚蠢"。于是都装作真的看见了那件"新衣"，赞不绝口地说："哎呀，真是美极了！""是精致的、无双的啊！"皇帝还故意强调说："我十二分的满意。"并且当场赐给两个骗子爵士头衔和勋章。大臣们为了讨好皇帝，就建议皇帝穿这套新衣，去参加快要举行的游行大典。到举行大典的这一天，皇帝脱掉原来的衣服，由那两个人比画着，给他穿上了"新衣"。皇帝被侍臣簇拥着，神气十足地走在街上，群众纷纷出来观赏。"皇上的新装真是漂亮！"谁也没有看见这件新衣，可是几乎人人都这样夸奖着，因为谁都怕显出自己不称职，或者太愚蠢。但是，一个小孩子天真地叫了起来："他什么衣服也没穿呀！"老百姓都窃窃私语起来："他实在没有穿什么衣服呀？"皇帝有点发抖了。然而他硬撑着面子，摆出更骄傲的神气，继续向前走去。

这两个故事用夸张的手法，揭露了皇室贵族荒淫无耻的生活，对他们进行了无情的嘲讽和鞭挞。穷奢极侈的王子和公主，愚蠢的皇帝，吹牛拍马的大臣，无耻的骗子，活生生地出现在人们眼前，并且作为一种特定的人物形象留在人们的记忆里。《皇帝的新装》已成为自欺欺人的巧妙寓言，流传在世界上。

在《卖火柴的小女孩》里，安徒生含着热泪描写了穷人的悲惨生活，控诉了人世的不平。在新年的前夕，天正下着雪，冷得可怕。卖火柴的小女孩赤着脚，在雪地里走着。街上飘着一股烤鹅肉的香味，家家都在欢度除夕了。没有人来买她的火柴，她又饿又冷，在墙角里坐下来，缩成一团。她擦燃了一根火柴，用微弱的火光取暖。接着又擦亮一根，似乎在闪烁的火光当中，看到了梦寐以求的饭菜、各种美丽的彩色图画和日思夜想的老祖母。她觉得自己和老祖母一起，在光明和欢乐中飞走了，飞到既没有寒冷，也没有饥饿，也没有忧愁的地方去了。她嘴角上带着微笑，默默地死去了。新年的太阳升起来，照着她小小的尸体！这个小女孩的悲惨遭遇与王公贵族们的生活形成鲜明的对比，感染力是极强的。

安徒生愈深入生活，就愈感到广大人民群众身受的痛苦。他把对人民的爱，对世界的感受，全熔铸到自己的作品里。他的童话受到人们的喜爱，翻译成许多国家的文字。1845年，安徒生又一次到法国去旅行，和雨果、巴尔扎克等著名作家相见。回国以后，又写了一些“新的童话”。两年以后，他又到英国去，见到了大作家狄更斯，两人成了很要好的朋友。他又到了德、法、意、瑞典等国，经过广泛游历，对社会的认识更深，也更乐于写童话了。他的作品陆续不断地出版，受到当时欧洲各国的好评，被誉为“世界童话之王”。

在冷酷的生活面前，安徒生青年时期的幻想渐渐消失了。他以后所写的“新的童话”，是直接对现实生活的描写，只是采用了童话的形式，有时连这个形式都不用了。

作者还在《依卜和小克丽斯玎》《老单身汉的睡帽》和《沙丘的故事》等作品里，描写了渔人、小店伙、船夫们的悲惨生活。这些人曾经幻想过幸福，以真诚的热情去追求幸福，为幸福付出了艰苦的努力。可是到头来，一切希望都破灭了，留下来的只是辛酸和眼泪。

安徒生所处的时代正是丹麦半封建社会解体和资本主义兴起的时期。他的作品里反映了人民的感情和“自由、平等、博爱”的思想，在当时是有进步意义的。但是他的思想也有很大的局限性。他同情人民的悲惨遭遇，对社会上许多不合理的现象表示强烈的不满，可是找不到一条正确的出路，因此对“上帝”寄予了很大希望，想求上帝来拯救人类。比如在《卖火柴的小女孩》里，他就让女孩的灵魂升上天国。同时，他不加区别地宣扬人与人之间的友爱，在他的一些作品里，穷人最终和富人妥协、统一了。这种思想局限，是那个时代的作家难以避免的。

安徒生的后半生，大部分时间是在旅行中度过的。他在漫漫的旅途中探索着，沉思着。在残酷的现实面前，他对上帝的信心动摇了。晚年，在他写的《冰姑娘》里，对上帝发出了绝望的呼喊。作品写道，当洛狄落进冰河死了以后，他的恋人巴贝德呻吟着说："多残酷啊!""他为什么刚刚在我们的幸福快要到来的时刻死去呢？啊，上帝啊，请您解释一下吧！请您开导我的心吧！我不懂得您的用意，我在您的威力和智慧之中找不出线索!"显然，在安徒生的心目中，上帝已经大可怀疑了。

安徒生热爱丹麦人民，也热爱其他民族和人民。尤其值得提出的是，他和全世界各地的孩子都是好朋友。这个一生没有结过婚、没有子女的人，把他全部的爱都献给了未来的一代。他和许多小读者保持经常的通信联系，孩子们在信中时常向他提出各种问题，他也尽可能地回答他们，帮助他们。一个在非洲出生的小女孩玛莉给他写信说："我非常爱你，亲爱的、亲爱的安徒生。"像这样的通信一直继续到安徒生去世前不久。

1872年，安徒生发表了最后一篇作品《园丁和主人》以后就卧病不起。1875年8月4日，这个"永久的孩子"和世人告别了。他的童话故事，却像朵朵鲜花，永远在孩子们的心头迎春怒放。

爱迪生发明电灯

在爱迪生这位伟大的发明家的一生中，发明了许多东西，然而，能够立即得到人们热烈欢迎的，却只有电灯。因为电灯的好处是人们看得见摸得着的。它的出现，意味着人们又有了一轮太阳，人们的活动不再受到黑夜的制约了。

早在1821年，英国的科学家戴维和法拉第就发明了一种叫电弧灯的电灯。这种电灯用炭棒作灯丝。它虽然能发出亮光，但是光线刺眼，耗电量大，寿命也不长，因此很不实用。

“电弧灯不实用，我一定要发明一种灯光柔和的电灯，让千家万户都用得上。”爱迪生暗下决心。

于是，他开始试验作为灯丝的材料：用传统的炭条作灯丝，一通电灯丝就断了。用钌、铬等金属作灯丝，通电后，亮了片刻就被烧断。用白金丝作灯丝，效果也不理想。

就这样，爱迪生以极大的毅力和耐心，试验了1 600多种材料。一次次的试验，一次次的失败，很多专家都认为电灯的前途黯淡。英国一些著名专家甚至讥讽爱迪生的研究是“毫无意义的”，是“在干一件蠢事”。一些记者也报道：“爱迪生的理想已成泡影”。

面对失败，面对有些人的冷嘲热讽，爱迪生没有退却。他明白，每一次的失败，意味着又向成功走近了一步。

一次，爱迪生的老朋友麦肯基来看望他。麦肯基看到爱迪生玩命地工作，忧心忡忡地说："先生，你可别累坏了身体！"爱迪生望着麦肯基说话时一晃一晃的长胡须，突然眼睛一亮，说："胡子，先生，我要用您的胡子。"

麦肯基剪下一绺交给爱迪生。爱迪生满怀信心地挑选了几根粗胡子，进行炭化处理，然后装在灯泡里。可令人遗憾的是，试验结果也不理想。"那就用我的头发试试看，没准还行。"麦肯基说。

爱迪生被老朋友的精神深深感动了，但他明白，头发与胡须性质一样，于是没有采纳老人的意见。麦肯基小坐了一会儿，就要告辞了。爱迪生起身，准备为这位慈祥的老人送行。他下意识地帮老人拉平身上穿的棉线外套。突然，他又喊道："棉线，为什么不试试棉线呢？"

麦肯基毫不犹豫地解开外套，撕下一片棉线织成的布，递给爱迪生。爱迪生把棉线放在U形密闭坩埚里，再把坩埚放进火炉，用高温处理。棉线经这样炭化处理后，再取出来。爱迪生用镊子夹住炭化棉线。准备将它装到灯泡内。可由于炭化棉线又细又脆，加上爱迪生过于紧张，拿镊子的手在微微颤抖，因此棉线被夹断了。最后，费了九牛二虎之力，爱迪生才把一根炭化棉线装进了灯泡。

此时，夜幕降临了。爱迪生的助手把灯泡里的空气抽走，小心翼翼地封上口，并将灯泡安在灯座上。一切工作就绪，大家静静地等待着结果。接通电源，灯泡发出金黄色的光辉，把整个实验室照得通亮。爱迪生和他的助手们无比兴奋，他们互相拥抱，互相祝贺。13个月的艰苦奋斗，试用了6 000多种材料，试验了7 000多次，终于有了突破性的进展。

但这灯泡究竟会亮多久呢?

爱迪生和他的助手聚精会神地注视着灯泡。1小时，2小时，3小时……这盏电灯足足亮了45小时，灯丝才被烧断。这是人类第一盏有实用价值的电灯。这一天——1879年10月21日，后来被人们定为电灯发明日。

“45小时，还是太短了，必须把它的寿命延长到几百小时，甚至几千小时。”爱迪生没有陶醉于成功的喜悦之中，而是给自己提出更高的要求。

于是，他又继续做试验。受棉丝试验成功的启发，他又试用了椰子鬃、麻绳等，结果都不尽如人意。

一天，天气闷热，爱迪生满头大汗，浑身都几乎湿透了。他顺手取来桌面上的竹扇，一边扇着，一边考虑着问题。

“也许竹丝炭化后效果更好。”爱迪生简直是见到什么东西都想试一试了。

试验结果表明，用竹丝作灯丝效果很好，灯丝耐用，灯泡可亮1200个小时。

后来，经过进一步试验，爱迪生发现用炭化后的日本竹丝作灯丝效果最好。于是，他开始大批量生产电灯。他把生产的第一批灯泡安装在“佳内特号”考察船上，以便考察人员有更多的工作时间。此后，电灯开始进入寻常百姓家。

后来，人们便一直使用这种用竹丝作灯丝的灯泡。几十年后，又对它进行了改进，即用钨丝作灯丝，并在灯泡内充入惰性气体氮或氩。这样，灯泡的寿命又延长了许多。我们现在使用的就是这种灯泡。

莱特兄弟发明飞机

1877年冬天，一场大雪降在美国的代顿地区，城郊的山冈上到处是白茫茫一片。一群孩子来到堆着厚厚白雪的山坡上，乘着自制的爬犁飞快地向下滑去。山坡上顿时响起阵阵笑声。

在他们旁边，有两个男孩静静地站着，眼睁睁地看着欢快的爬犁从上而下划过。大一点的男孩叹道："嗨！要是我们也有一架爬犁该多好啊！"另一个孩子噘着嘴说道："谁叫我们爸爸总不在家呢！"他灵机一动，又接着说道："哥哥，我们自己动手作吧！"被称作哥哥的男孩一听，顿时笑了起来，愉快地说道："对呀！我们自己也可以作。走，奥维尔，我们回去！"于是，两个孩子一蹦一跳地跑下山坡，向家里飞快地跑去。

这弟兄两个就是莱特兄弟，大的叫威尔伯，小的便是奥维尔。他们从小就喜欢摆弄一些玩意，经常在一起作各种各样的游戏。他们的爷爷是个制作车轮的工匠，屋里有各种各样的工具，弟兄两个把那里当作他们的乐园，经常跑去看爷爷干活。时间一长，他们就模仿着制作一些小玩具。因此，弟兄两个决定，这次要作架爬犁，拉到山坡上与同伴们比赛。当天晚上，弟兄俩就把这种想法告诉了妈妈。妈妈一听，非常高兴地说道："好，咱们共同来做吧！"于是，弟兄两个跑到爷爷的工作房里，找到很多木条和工具，不假思索地干了起来。

"不行"妈妈阻止他们说，"干什么事情得有个计划，我们首先得画一个图样，然后才做！"

弟兄俩明白了这个道理，就同妈妈一起设计图样。妈妈首先量了兄弟俩身体的尺寸，然后画出一个很矮的爬犁。"妈妈，别人家的爬犁很高，为啥你画的爬犁这么矮？这能行吗？"弟弟奥维尔不解他问。

"孩子，要想叫爬犁跑得快，就得制成矮矮的，这样可以减少风的阻力，速度也就会快多了。"妈妈温和地解释道。弟兄俩这才明白，干任何事情都不应莽撞，应首先弄懂道理。

过了一天，莱特兄弟的矮爬犁做成了。弟兄俩把它推到小山冈上，刚放在山坡上，就跑来了一个男孩。

"快来看呀，莱特兄弟扛了一个怪物！"这个男孩大惊小怪地叫道。

不一会儿，孩子们都围了上来，指手画脚地议论着这个怪模怪样的东西。莱特兄弟不以为然，勇敢地说道："谁和我们比赛！"

先前跑过来的男孩连忙叫道："我来！我来与他们比赛！"

说完，就把自己爬犁拉了过来。比赛结果，当然是莱特兄弟获胜，孩子们再也不嘲弄这个爬犁，反而围起来左瞧右看，似乎想从中找到什么。

莱特兄弟非常高兴，带着胜利的喜悦回家去了。圣诞节到了，爸爸也从外地回来。圣诞节早晨，爸爸把礼物送给了他们，兄弟俩急不可耐地打开一看，是一个不知名的玩具，样子非常怪。

爸爸告诉他们，这是飞螺旋，能在空中高高地飞去。“鸟才能飞呢！它怎么也会飞！”威尔伯有点怀疑。

爸爸笑了一笑，当场作了表演。只见他先把上面的橡皮筋扭好，一松手，它就发出呜呜的声音，向空中高高地飞去。兄弟这才相信，除了鸟、蝴蝶之外，人工制造的东西，也可以飞上天。于是，弟兄俩便把它拆开了，想从中探索一下，它为何能飞上天去。

从这以后，在他们的幼小心灵里，就萌发了将来一定制造出一种能飞上高高蓝天的东西。这个愿望一直影响着他们。1896年，莱特兄弟在报纸看到一条消息：德国的李林塔尔因驾驶滑翔机失事身亡。这个消息对他们震动很大，弟兄俩决定研究空中飞行。

这时候，莱特兄弟开着一家自行车商店。他们一边干活挣钱，一边研究飞行的资料。三年后，他们掌握了大量有关航空方面的知识决定仿制一架滑翔机。

他们首先观察老鹰在空中飞行的动作，然后一张又一张地画下来，之后才着手设计滑翔机。1900年10月，莱特兄弟终于制成了他们第一架滑翔机，并把它带到离代顿很远的吉蒂霍克海边，这里十分偏僻，周围既没有树木也没有民房，而且这里风力很大，非常适宜放飞滑翔机。

兄弟俩用了一个星期的时间，把滑翔机装好，先把它系上绳索，像风筝那样放飞，结果成功了。然后由威尔伯坐上去进行试验，虽然飞了起来，但只有1米多高。

第二年，兄弟俩在上次制作的基础上，经过多次改进，又制成了一架滑翔机。这年秋天，他们又来到吉蒂霍克海边，一试验，飞行高度一下子达到180米之高。

弟兄俩非常高兴，但并不满足。他们想能否制造一种不用风力也能飞行的机器？兄弟俩反复思考，把有关飞行的资料集中起来，反复研究，始终想不到用什么动力，把庞大的滑翔机和人运到空中。有一天，车行门前停了一辆汽车，司机向他们借一把工具用用，来修理一下汽车的发动机。弟兄俩灵机一动，能不能用汽车的发动机来推动飞行。

从这以后，弟兄俩围绕发动机动开了脑筋。他们首先测出滑翔机的最大运载能力是90公斤，于是，他们向工厂订制一个不超过90公斤的发动机。但当时最轻的发动机是190公斤，工厂无法制出这么轻的发动机。

后来，一名制造发动机的工程师知道了这件事情，答应帮助莱特兄弟。过了一段时间，这位工程师果然造出一部12马力、重量只有70公斤的汽油发动机。弟兄俩非常高兴，很快便着手研究怎样利用发动机来推动滑翔机飞行。经过无数次的试验，他们终于把发动机安装在滑翔机上，不过是在滑翔机上安上螺旋桨，由发动机来推动螺旋桨旋转，带动滑翔机飞行。

1903年9月，莱特兄弟带着他们装有发动机的飞机再次来到吉蒂霍克海边试飞。虽然这次试飞失败了，但他们从中吸取了很多经验。过后不久，他们又连续试飞多次，不是因为螺旋桨的故障，就是发动机出了毛病，或是驾驶技术的问题。莱特兄弟毫不气馁，仍然坚持试飞。就在这时，一位名叫兰莱的发明家，受美国政府的委托，制造了一架带有汽油发动机的飞机，在试飞中坠入大海。

莱特兄弟得知这个消息，便前去调查，并从兰莱的失败中吸取了教训，获得了很多经验，他们对飞机的每一部件作了严格的检查，制定了严格的操作规定，于1903年12月14日，又来到吉蒂霍克，进行试飞试验。

这天下午，兄弟俩先在地面上安置两根固定在木头上的铁轨，并有一定的斜度，好让飞机方便地滑行。接着，就把他们制造的飞机，放在铁轨上面。最后是由谁先飞的问题，兄弟俩争执不下，只好用抛硬币的方法，由威尔伯先飞。威尔伯上机后，伏卧在飞机正中，一会儿便发动飞机，发动机传出轰鸣的声音，螺旋桨也慢慢地转了起来。飞机在斜坡上刚滑行3米，就挣脱了结在后面的铁丝，呼啸着升到空中。

“飞起来啦！”奥维尔兴奋地叫道。

话音未落，飞机突然减慢速度，很快掉落在地上。整个飞行时间不到4分钟。奥维尔赶忙跑上前去。威伯尔已从堕落的飞机里跳了出来，兄弟俩赶紧观察飞机，飞机也未受损。

“是什么问题呢?”兄弟俩左思右想，逐一检查。发动机没毛病，螺旋桨转动很好，技术操作也完全正确。……“哥哥，我知道原因了!”奥维尔满面笑容地说道：“咱们是利用斜坡滑行的，距离只有3米飞机就起飞了。而这时螺旋桨的转动还没有达到高速，所以一会儿就栽了下来。”“对呀!”威尔伯点头称是，接着说道：“咱们不能利用斜坡滑行起飞，而要靠螺旋桨的力量飞上去。这样吧，把铁轨装在平整的地方再试验一下。”他们连续工作了三天，把铁轨又重新安置在一片平坦的地面上。

1903年12月17日上午10点钟，天空低云密布，寒风刺骨。被兄弟俩邀来观看飞行的农民冻得直打寒战，一再催促兄弟俩快点飞行。

这次由奥维尔试飞，只见他爬上飞机，伏卧在驾驶位上。一会儿，发动机开始轰鸣，螺旋桨也开始转动。

突然，飞机滑动起来，一下子升到3米多高，随即水平地向前飞去。“飞起来啦！飞起来啦!”几个农民高兴地呼唤起来，并且随着威尔伯，在飞机后面追赶着。

飞机飞行了30米后，稳稳地着陆了。威尔伯冲上前去，激动地扑到刚从飞机里爬出来的弟弟身上，热泪盈眶地喊道：“我们成功了！我们成功了!”

45分钟后，威尔伯又飞了一次，飞行距离达到52米，又过了一段时间，奥维尔又一次飞行，这次飞行了59秒，距离达到255米。

这是人类历史上第一次驾驶飞机飞行成功，莱特兄弟把这个消息告诉报社，可报社不相信有这种事，拒不发布消息。莱特兄弟并不在乎。继续改进他们的飞机。不久，兄弟俩又制造出能乘坐两个人的飞机，并且，在空中飞了一个多小时。

消息传开后，人们奔走相告，美国政府非常重视，决定让莱特做一次试飞表演。

1908年9月10日这天，天气异常晴朗，飞机飞行的场地上围满了观看的人们。人家兴致勃勃，等待着莱特兄弟的飞行。

10点左右，弟弟奥维尔驾驶着他们的飞机，在一片欢呼声中，自由自在地飞向天空，两支长长的机翼从空中划过，恰似一只展翅飞翔的雄鹰。

人们再也抑制不住他们的激动心情，昂首天空，呼唤着莱特兄弟的名字，多少人的梦想终于变为现实。

飞机在76米的高度飞行了1小时14分，并且运载了一名勇敢的乘客。当它着陆之后，人们从四面八方围了起来。过后不久，莱特兄弟在政府的支持下，创办了一家飞行公司，同时开办了飞行学校，从这以后，飞机成了人们又一项先进的运输工具。

穆律罗的宽容和骄傲

穆律罗是17世纪西班牙最有名的画家和贵族。在他众多的奴仆中有一名叫塞伯斯蒂的青年奴仆，对画画有种与生俱来的喜好。穆律罗给学生上课时，塞伯斯蒂就在一旁偷偷地学习。

一天晚上，塞伯斯蒂一时兴起竟然在主人的画室里画起画来，以至于穆律罗和他的贵族朋友出现，他都没有发现，穆律罗并没有惊动塞伯斯蒂，而是静静地望着他笔下优美的线条出神。塞伯斯蒂画完最后一笔，这才发现身后的主人，他慌忙跪下，在那个等级森严的年代里，塞伯斯蒂是可以因此而被主人处死的。

这事成了贵族们津津乐道的话题，就在他们纷纷猜测穆律罗会以何种方式严惩他的奴隶时，他们却听到了一个令人震惊的消息，穆律罗不仅给了塞伯斯蒂自由，而且还收他做了自己的弟子。

这是贵族们决不允许的，他们开始疏远穆律罗，也不再去买他的画，贵族们都说穆律罗是个十足的傻瓜。

穆律罗对此却不以为然，他听了只是一笑，那些傻瓜又怎能明白，塞伯斯蒂将会是我穆律罗最大的骄傲。

300年后，一位历史学家在写到这个故事时，补充了两点：

一、事实证明，改变一个人命运的，往往是他自身的才华，塞伯斯蒂证实了这一点。

二、一个受后人尊敬的人，不仅仅是他的传世作品，更重要的是他的人格，穆律罗正是如此。

而在意大利的藏馆中，塞伯斯蒂的作品与他恩师穆律罗的名画摆在同等重要的位置，都是价值连城。意大利人是这样看待这件事的：他们是17世纪最杰出的两位画家，他们是师徒，都很伟大。那些说穆律罗是傻瓜而没有买他的画的人，才让人觉得是多么地浅薄。

爱读书的瓦特

瓦特出生在英国一个平民家庭。小的时候，他身体非常虚弱。7岁了，瓦特到了上学的年龄，看着小朋友们一个个背着书包走进了学校，瓦特羡慕极了，因为经常生病，瓦特失去了上学的机会。幸运的是，瓦特有着一位聪慧善良的母亲，母亲不愿让儿子把时光都虚度了，她利用空余时间教授儿子读书写字，观察自然，还鼓励儿子动手做各种小玩具，培养孩子观察思考和动手实践的能力。

瓦特对学习有着浓厚的兴趣，家里的地板上、壁炉上处处可以看到他验算的习题。瓦特具有很强的动手能力，任何玩具到了他手上，他总要把零件一个个拆下来，弄个明白，再按照原来的模样依次安装好。时间一长，他成了修理玩具专家，邻居小伙伴的玩具坏了都来找他，经瓦特一鼓捣，玩具马上就修好了。

瓦特11岁了，他实在太想到学校里去学知识、学文化了，父母见他要求强烈，只好答应了他。

瓦特进入格林诺克的文法学校学习，他成绩在班上一直名列前茅，可是他身体实在太不好了，没有坚持到毕业，他就不得不退学了。

重新回到家里，躺在病床上，瓦特不肯让光阴虚度，他在养病期间阅读了有关天文、物理、化学的许多书籍，还自学了好几门外语，为以后的研究打下了良好的基础。

瓦特渴望学习，虚弱的身体阻碍了他迈进学校的大门，而经济贫困迫使18岁的瓦特出外打工求生。在以后的日子里，瓦特碰到了无数困难，走尽了人生坎坷，永不磨灭的却是他好学的精神。无论走到哪里，瓦特最不能忘的就是他的学习，勤奋的努力终于换来了丰硕的成果，瓦特成为科学史上划时代的一人。

比尔·盖茨与父母

比尔·盖茨出生于律师和教师之家，这个家庭的大人非常注意小盖茨的智力开发和培养。盖茨三四岁时，母亲外出总是把盖茨带在身边，当他在学校里向学生讲解西雅图的历史和博物馆的情况时，盖茨总是坐在全班最前面，尽管盖茨是个好动的孩子，但在教室里他表现得比其他学生还要专注、认真。

盖茨从小酷爱读书，尽管他是个儿童，但他喜爱读成人的书。在自己家里，他可以随意翻阅父母的藏书。他7岁的时候，最喜欢读的书是《世界图书百科全书》，他经常几个小时地连续阅读这本大全，一字一词地从头读到尾。小盖茨的父母还尽可能鼓励和提供他各种机会，等他逐渐长大时，父母鼓励他参加童子军的野营活动，小盖茨从与其他孩子的相处中得到了友情的满足。

自从盖茨进湖滨中学那间小计算机房的那一天起，计算机对他就产生了一种无法抗拒的魅力。15岁时，他就为信息公司编写过异常复杂的工资程序。1973年春，他被哈佛大学接受为学生，他更一发不可收，经常在计算机房通宵达旦地工作。

有好几次，盖茨告诉父母，他想从哈佛退学与他人一道从事计算机事业。但父母极力反对儿子开公司，尤其是毕业以前。父母还请了受人尊敬、白手起家的一个著名企业家——斯托姆来说服盖茨打消开公司的念头。斯托姆不但没有劝阻他，反而倾听了这位十几岁孩子的演说后，鼓励他好好干。

1977年盖茨正式退学。他不是厌倦哈佛，而是希望另有远大前程。不久，IBM开始寻求合作伙伴，在于盖茨交谈了5分钟后，IBM的人认为这是与他们打交道的最出色的人物之一。此后，盖茨为自己写下了更引人注目及有趣的故事。

喜剧大师卓别林

20世纪以来，那个头戴圆顶礼帽，身穿窄小上衣，下着又肥又大的破裤子，反穿一双大皮靴，挥舞着一条竹手杖，走起路来像鸭子似的，可怜而又可笑的小流浪汉夏尔洛的银幕形象，曾经深深地铭刻在世界亿万人民的心中。这个夏尔洛的创造者，正是20世纪最卓越的喜剧电影大师——查尔斯·斯宾塞·卓别林。他活了88岁，给我们留下了80多部电影，其中多数是自编、自导、自演、自己作曲的优秀影片。它们曾经让无数观众在含泪的笑中深切感受到资本主义制度的许许多多不可克服的矛盾和罪恶，打破了一些人对于这种制度的永世长存的幻想。关于他，全世界虽然已经出版了上千种书，但是卓别林的故事、成就和艺术，至今仍旧是说不尽道不完的……

1889年4月16日，卓别林出生在英国伦敦兰倍斯贫民窟的一个穷艺人家里。他的父母都是当时游艺场的歌唱演员，收入微薄，生活十分艰苦。老查尔斯·卓别林常常借酒消愁，后来因为酗酒，被老板解雇了。卓别林才6岁的时候，父亲就病死了。所以他几乎不知道有个父亲，也不记得他和家人们一起生活过。卓别林第一次上舞台是很偶然的。有一回，他的母亲哈娜正登台演唱，由于长期营养不良和劳累过度，她的嗓门突然喑哑了。霎时间，台下观众大哗，吹口哨，学猫儿怪叫，一片声嚷嚷着要退票，舞台监督急得抓耳搔腮。这时候，他一眼瞅见5岁的小卓别林正在后台玩耍，忽然灵机一动，想起这小子早先曾经在客人面前唱过歌，就一把拉住他，让他马上登台代替母亲继续歌唱。想不到他的演唱竟一下子抓住了观众，特别是当他惟妙惟肖地模仿母亲沙哑的嗓音演唱起《赖利军曹》这支歌时，台下顿时掌声雷动，连连喝彩。兴高采烈的观众还把一个个硬币像雨点般洒向舞台。那首歌的歌词也很幽默风趣：赖利，赖利，就是他那个小白脸中我的心意。我走遍了大大小小所有的部队里，谁也比不上他那样又漂亮、又整齐。比不上雄赳赳的八十八部队里，那一位高贵的中士，他叫赖利。这就是卓别林舞台生涯的开端。

嗓子坏了的母亲，后来只得夜以继日地做针线活，来勉强填饱卓别林和他的同母异父哥哥西德尼的肚子。以后的光景更悲惨了，母亲因为贫病交加，精神失常，被邻居送进了疯人院。两个孩子流落街头，在伦敦的大街小巷到处流浪，靠乞讨和从市场的污水沟里捡来的烂水果、菜帮子充饥。晚上只能睡在公园的长椅上或街头的广场上。后来兄弟俩被汉威尔孤儿院收留，在那里过的日子，用卓别林的话说，就是“像囚犯一样被关了18个月”。

母亲的病稍为好些就出院了，这才把两个孩子领回到兰倍斯贫民窟的另一间狭小而肮脏的阁楼里住下。母亲茹苦含辛，还尽力使孩子们感到母爱的温暖。但日子毕竟是艰难的。他们经常没有吃的，小哥俩都没有鞋子。母亲看着心疼，就脱下她的靴子，给他俩轮着穿。两个人当中就有一个穿上她的靴子跑出去领救济汤，把一天里唯一的一顿饭菜带回家。尽管日子这么苦，这位坚韧慈祥的母亲还是靠她的针线活，让卓别林上赫恩男校去念了18个月的书，在那里学会了读书和写字。后来，两兄弟又喜出望外地在一个巡回剧团里找到了几个月的临时工作，每月可挣六先令。他俩在剧团里什么都干。收票，唱歌，跳舞，演奏乐器，摆弄布景……什么活儿需要，他们就干什么。

母亲不仅尽力抚养了孩子，而且还给孩子树立了一个观察和学习表演艺术的榜样。卓别林觉得自己的母亲是他见过的演员当中最富有表情的一个。从她那里，他学到了怎样用手和面部来表达感情，也学到了研究人物的方法。她在观察人物方面确实有着非凡的才能。有一次，她瞧见比尔·史密斯早晨下楼上街去了，她就对站在身边的小儿子说：“你瞧比尔·史密斯，他走起路来好像脚步很沉重，他的皮靴也没有擦亮，还满腹不高兴。我敢打赌，他准是和老婆打了一架，咖啡也没喝，面包也没吃，就出来了。”卓别林一打听：一点不假，当天比尔·史密斯果然和老婆干了一架。

由于母亲对儿子这样无微不至的生活照顾和艺术启蒙，卓别林对母亲的崇敬和爱戴也是特别深厚的。他后来在美国成名以后，就曾经冲破美国移民当局的无理阻挠和赫斯特系报纸的无耻造谣，把他的母亲辗转接到美国来，安顿在太平洋岸圣他·孟尼加的一所华丽的别墅里，专门请人来精心照顾，他自己也经常专程去看望她。

卓别林在童年时代一直过着艰辛的下层生活。他浪迹街头，曾经乞讨度日，还先后当过报童、劈木柴小工、卖花小贩、杂货店小伙计、医生的小用人、商店店员、吹玻璃零工、印刷厂学徒，等等。这些都为卓别林日后的舞台和银幕生涯，提供了丰富的生活素材。那时候的伦敦巴克斯大厅，有时专为孩子们演出一些廉价的幻灯戏，卓别林看得如醉如痴。他和哥哥就是从这里看到了基督的一生、创世纪、摩西的传说、吉诃德照片、桑德里翁以及许许多多的滑稽故事和道德故事的。正是这些幻灯戏，开始培养了卓别林无穷的艺术想象力。

查利·卓别林到了18岁，才有机会正式登上舞台。那时他的哥哥西德尼已经进了享有“笑料工厂”美称的卡尔诺哑剧团，他一再恳求老板弗莱德·卡尔诺也同意雇用卓别林当演员。老板对卓别林的印象是不好的，说他身体瘦弱，面色苍白、忧郁，看起来过于胆怯，不够大方，未必能当好一名滑稽戏演员。但碍于情面，又觉得卓别林还有舞蹈才能，就答应收下了。老板让卓别林演的第一个戏就是在哑剧《足球比赛》里充当“恶棍”的角色。英国舞台上的恶棍爱留胡子，查利也从此留了胡髭，同时还戴上一顶遮到眼边的大软边帽。它一下子就把这个瘦削的小人物的滑稽外貌烘托出来了。查利要表演这个恶棍怎样缠住看守着某一件东西的人，把这个人灌醉或者毒死。但这个“恶棍”因为穿了太长的大礼服，手脚不便，总是一再遭到失败。在《足球比赛》这出戏里，查利的表演不但叫老板出乎意料，而且还表现了出色的歌唱才能。这就使得他在剧团里保住了一个喜剧演员的位置。有一次，剧团要上演一个名叫《无畏的吉美》的新剧目，卡尔诺本想让查利当主角，没想到在讨论角色的时候，他居然发表了和老板不同的见解。绰号“总督”的卡尔诺从来不喜欢演员们违反他的意愿，敢于持有自己的独立看法。查利的意见惹得老板大发雷霆，一怒之下就把他降格使用，贬为备用演员，要他只能去模仿比较出名的演员，然后在巡回演出途中有需要时替代他们。从此卓别林时常到英国各地巡回演出，在刮着刺骨的寒风的戏院里演戏，在堆满布景的屋子里睡觉，生活辛劳而艰苦。但是即使是在苦中，卓别林也时常流露出他那乐观幽默的天性。1912年春天，剧团曾专门为卓别林举行了一次生日宴会。大伙高高兴兴地吃了插着21支小蜡烛的蛋糕，尽情地喝酒，高声地谈笑。卓别林边舞边跳，在屋子里进进出出，姿态滑稽，舞步夸张，惹得客人们捧腹大笑。突然他又变得严肃起来，抓起小提琴，拉出一曲扣人心弦的旋律，霎时间，又使人们感到情思悠悠，不由得想起了家乡，想起了朋友，想起了妻子，想起了甜蜜而又神秘的爱情……这时候，他真像一个能变换感情的魔法师啊！卓别林用他出色艰辛的劳动，在卡尔诺剧团的演出节目中占有了越来越重要的位置。“总督”老板也慢慢改变了对卓别林的看法，放心地让他到国外演出了。开始是到法国巴黎，后来又到美国。在巴黎，卓别林看到了五光十色的“花都”面貌和充满自由的社会风气。这和他童年曾经生活过的刻板而严峻的维多利亚社会比较起来，他觉得舒畅多了。去美国头一次是1911年，22岁的卓别林和剧团的其他13名英国演员，乘凯恩罗那号在海上艰苦地航行了两个星期，他们与猪、驴待在一起，一天到晚臭烘烘闹嚷嚷的。同舱的还有来自俄国、中欧犹太区和意大利南部农村的贫苦移民们。当时欧洲正处于第一次世界大战前夕，农村破产，工人失业，排斥犹太人运动也已开始，大批移民只能怀着发财的希望涌向美国。卡尔诺剧团也怀着同一幻想赴美演出。但是事与愿违，他们在美演出六个月就满怀失望地回到了伦敦。然而对于卓别林来说，他看到了很多，感受了很多，这对他日后的艺术创作，是一段难以忘怀的生活体验。卓别林在两年后又随剧团再度赴美演出，这时候条件好多了。就在一次演出中，他被启斯东制片公司的制片人兼导演、编剧和演员麦克·塞纳特看中，雇他来替代那个要价太高的喜剧演员福特·斯兜林去主演影片。这就是卓别林电影生涯的开始。从1914年1月起，他几乎每周都要主演一部“启斯东喜剧片”。电影是1895年由爱迪生和路易·卢米埃尔同时在美国和法国发明的，直到1927年，都是无声电影时期，但它已逐渐从“杂耍”“玩意”进入了艺术殿堂，变成了“伟大的哑巴”。1927年至1945年期间，声音和彩色等多种元素注入电影，大大丰富了电影的艺术表现手段。1945年以后，电影的发展更快了，不仅有了宽银幕、立体电影等等，更重要的是在艺术上也更加精益求精，富于独创精神了。启斯东公司就是美国默片时期的三大喜剧电影公司之一。它的风格幽默风趣，讽刺性强，很有吸引观众的魅力，当然也有不少暴力和庸俗的东西。卓别林参加以后，一度成了这个公司喜剧台柱子，为公司赢得了大量利润。曾经征服了世界影坛的小流浪汉夏尔洛的形象，就是在一部“启斯东喜剧片”《阵雨之间》里首次和观众见面的。在这部滑稽片里，一个大胆的流浪汉和一个留着山羊胡子的纨绔子弟，为了争夺一把雨伞和一个美貌女郎的垂青而吵闹起来。那个流浪汉戴一顶圆顶帽，穿一件短上衣，配上奇特的背心，外带硬结和硬领，下着一条过肥的裤子。这个穷汉子衣服又脏又破，还要竭力装出一副绅士派头，他要了一些花招，终于把雨伞弄到手，随后又找到了他想诱惑的那个美丽的姑娘。他俩孤独地出现在一个荒凉的公园角落里，他却又突然转身而去，把雨伞当手杖，像鸭子似的蹒跚地走开了。这就是1914年2月28日第一批观众所看到的夏尔洛诞生时的银幕形象。卓别林是这样分析夏尔洛的鲜明独特的个性的：“你瞧，这个家伙的个性是多方面的：他是一个流浪汉，一个绅士，一个诗人，一个梦想者；他感到孤单，永远想过浪漫的生活，做冒险的事情。他指望你会把他当作是一个科学家，一个音乐家，一个公爵，一个玩马球的。然而，他只会拾拾香烟头，或者抢孩子的糖果。当然，如果看准了机会，他也会对着太太小姐的屁股踢上一脚——但只有在非常愤怒的时候他才会那样！”卓别林就是这样，通过自己精心的艺术构思和实践，使“夏尔洛”的形象日益完美。比如对“夏尔洛”的外形设想，卓别林就深有体会地说：“夏尔洛的小胡子象征着他的虚荣心。他的那条既皱且烂的长裤就是我们的可笑行为和我们的笨拙举止的写照。我拿一支手杖也许是我最幸运的发现。正是由于它，我很快就被人们认识了。我马上就发挥了它的喜剧效用。我时常用它勾住人家的腿或者肩膀，观众笑了，而我自己还没有体会到我这动作的意义呢。八百万人认为手杖是一个纨绔子弟的标记。我在初期还没有完全了解到这一点……”

在为启斯东公司拍片的第一年里，卓别林就主演了35部喜剧短片。流浪汉“夏尔洛”很快成了千百万电影观众的“宠儿”，人们为了看“他”，争相拥向电影院。卓别林成功了！但他并没有陶醉在名利之中，他坦率地承认：“我搞电影是为了赚钱，但却产生了艺术。”因为他是忠于艺术的。他总是严肃认真地对待艺术创作，所以他也乐于接受来自观众的中肯的批评，而且勇于改正和革新。1916年，他到孤星摄影场工作不久，那时他只有一个愿望，就是讨好那些喜爱他的观众。为了这，他就把他知道准有把握“成功”的那一套，把那些准能引起观众哄堂大笑的表演拿出来，即使这一套和真正应有的动作毫不相关，他也不管。就在这时候，在《夏尔洛当救火员》放映的第二天，一个观众给他泼了一盆冷水。那个观众给他写了一封信，上面说："我很担心您会变成观众的奴隶。在您绝大多数的其他影片中，恰巧相反，观众是您的奴隶。夏尔洛，观众是喜欢做奴隶的。"

接到了这一封信以后，卓别林非但不冒火，反而像吃了一副清凉剂，头脑顿时清醒了。从此，他就竭力避免投一般观众的所好，力求给予观众真正期待的东西。

卓别林选择的这条艺术道路，很快引导他认识到艺术家应该是一个创造者，一个人民大众的喉舌。这标志着他从此跨进了一大步，成了一个杰出的天才。1917年，他创作了《安乐街》。在这部影片里，夏尔洛的形象第一次显示出它灿烂的光辉。他一改过去那种迎合观众低级趣味的做法，开始用他那独特的喜剧艺术手段，来表达他对社会和生活的看法，赋予了夏尔洛这个形象以越来越深刻的社会批判内容。

卓别林塑造的夏尔洛形象，所以如此深入人心，招人喜爱，实在是由于他是一个造型独特的典型的小人物。这个银幕形象是一个饱受欺凌、摧残而又总是充满信心的浪漫主义者。在弱肉强食的资本主义社会里，可怜的小流浪汉夏尔洛干过各式各样的营生，有过无数次的奇闻艳遇，一门心思想跻身上流社会，可又一次次被排斥侮辱，最后只得怅然远去……这一切无疑是对资本主义社会被剥削和被压迫者的典型概括。

从1919年开始，卓别林自行投资建厂，开始了他的独立制片人生涯。他一身兼任制片人、编剧、导演、演员、作曲，摄制出了他一生中最成功的艺术杰作《淘金记》（1925年）、《城市之光》（1931年）、《摩登时代》（1936年）、《大独裁者》（1942年）和《凡尔杜先生》（1947年）。这五部故事影片，前三部是无声片，后两部是有声片，它们标志着卓别林“从含蓄的人道主义世界观到日益明确的反法西斯立场的进步过程”，达到了他的思想艺术成就的最高峰。

卓别林的电影为什么能够登上这座难以企及的思想艺术的高峰呢？这和他的现实主义追求显然有极大关系。他十分明白：“电影的目的就是把我们带到美的王国。这个目的只有在紧紧地沿着真实的道路前进时才能达到。只有现实主义才能使人信服。”因此，卓别林的优秀影片都是表现自己在钩心斗角、尔虞我诈、贫富悬殊、弱肉强食的资本主义社会里的所见所闻所感。由于他出身贫苦，阅历丰富，他的影片大多爱憎鲜明，内涵深厚。卓别林深知自己擅长笑的艺术，就自觉地把笑当作锐利的武器。他以讽刺的笑来尖刻揭露压迫、剥削、失业、饥饿等资本主义社会的罪恶现实；以幽默的笑，对失业者、小人物、被压迫与被损害者的尴尬处境进行真实的描绘，表达深切的同情。谁能忘记，《淘金记》里的夏尔洛是怎样有滋有味地嚼着煮熟的大皮鞋充饥；谁能忘记，《城市之光》里的夏尔洛是怎样孤苦伶仃地蜷伏在幕布覆盖的“繁荣之神”的大腿上御寒；谁能忘记，《摩登时代》里的夏尔洛，是怎样因工作的紧张和单调而发狂，错把女人胸前的纽扣当作螺丝钉来拧，而当吃饭机喂他饭菜时，他又因机器出了故障而吃了多大的苦头；谁能忘记，《大独裁者》中的独裁者是怎样抱着地球仪狂跳乱舞，梦想轻而易举地奴役整个世界……诸如此类的精彩镜头，都曾使无数观众对倒霉的小流浪汉夏尔洛的不幸遭遇洒下同情的热泪，也曾使得亿万人民在含泪的笑中加深了对资本主义和纳粹势力的憎恨！

卓别林的电影喜剧和某些庸俗闹剧中一味嘲笑演员生理的畸形对比，或者同大肆卖弄洋相百出的低级噱头比较起来，真不知要高明多少倍！尽管卓别林的影片中也不乏踢屁股、扔人家一脸奶油蛋糕之类的噱头和笑料，但他已把这些噱头和笑料融入影片的深刻的社会批判主题之内，这就使得观众笑得由衷，回味无穷了。

卓别林的巨大贡献是把当时流行的“为笑而笑”的庸俗闹剧，提高到了批判现实主义的喜剧艺术的高度。这和他的喜剧艺术往往具有独创的构思是分不开的。比如在《夏尔洛越狱》里，卓别林不只是设法使自己处在一个尴尬的境地，同时也使别人处在这样的境地，来产生加倍的戏剧效果。他让夏尔洛坐在一个阳台上，和一个少女一起吃着冰激凌。在下面这一层楼里，又安排了一个肥胖的、高傲的、衣着华丽的贵妇人，坐在桌子旁边。正在吃的时候，冰激凌从夏尔洛手上掉了下来，滑过他的裤子，从阳台上落到贵妇人的背上。这只是一件事情，可是却使两个人处在尴尬的境地，激起了两阵笑声。卓别林认为这样处理，看起来似乎很简单，可是里面却有两种人性的因素。一个是观众在情感上和演员起了共鸣，另一个是观众看到有钱人和华丽的衣饰遭了殃感到痛快。如果他把冰激凌掉在一个穷苦的女仆的脖子里，那么引起的将不会是笑声而是同情了。而且一个女仆也没有什么尊严可失，事情也就不足为奇了。可是把冰激凌掉在一个有钱人的脖子里，观众心里就会觉得她活该……

卓别林的现实主义艺术是高标准的。集编、导、演、作曲于一身的卓别林，不仅要求自己的表演真实可信，也这样严格地要求其他演员。因为演《摩登时代》而一举成名的女演员宝莲·高黛在扮演那个流浪女时，起初打扮得相当漂亮。卓别林仔细打量着她，不安地直摇头说："不行，这实在太糟了。"他要高黛马上脱去鞋子，换过衣服，还不许她化妆，接着他突然用一盆冷水从高黛的头上浇下来，冻得她浑身发抖。卓别林却笑笑说："对了，这才像真的流浪女！"

卓别林还特别善于发现和使用演员，并根据演员的特长，联系自己的亲身经验来创作影片。名片《寻子遇仙记》就是这样产生的。有一次，卓别林在奥尔菲姆戏院看到一个舞蹈演员贾克谢幕时，拉着他的四岁多的孩子贾克·柯担一起出来向观众鞠躬致谢。这孩子跟着父亲鞠躬以后，又跳了几个有趣的舞步，用懂事的目光望了望观众，随后又向大家摆摆小手，才突然跑回了后台。这一下引起了满堂喝彩。卓别林敏感地觉察到小家伙很会演戏，他随即联想到自己的童年生活，就向别人编开了《寻子遇仙记》的电影故事："你可曾想到，流浪汉是一个装配玻璃的，小孩在街上到处砸碎窗子，流浪汉就来装配玻璃；孩子和流浪汉一起生活，那该多么有趣，那可以串出各种各样的离奇事情呀！”他说干就干，很快就征得孩子的父亲同意，让小贾克来演片中的砸玻璃的小孩子一角。其中有个最精彩的镜头是：孩子准备扔一块石头，去砸一扇窗子。一个警察偷偷地从他背后走了过来。孩子把一只手举起来，正要扔石头，他的手却突然触到了警察的衣服。他抬头望了望警察，就戏耍般地把石头抛到空中，再把它接在手里，然后天真地丢掉了石头，慢腾腾地走了几步，一拐过街角，就忽然飞似的跑了。这一出色的喜剧镜头，直逗得观众忍不住要笑出眼泪来。小贾克也因此一举成名，后来竟挣到了几百万美元的高额片酬。

更为重要的是，自从《安乐街》拍成之后，卓别林就在自己的一系列影片里有意识地不断羞辱那些“高等的人们”：肥胖的贵妇人，戴着大礼帽的大腹便便的绅士、警察、法官、伪善的牧师、工厂老板、官吏以及形形色色的统治者。与此相反，他却把应有的尊严还给了穷苦的人们：女仆、失业者、移民、流浪汉、成衣工人、囚徒、农业工人和士兵等等。他把他们的可悲处境表现得很真实，使人深怀同情，从而激起了人们对于剥削者和压迫者的强烈反感。因此，不少著名的作家、学者和电影评论家都喜欢把卓别林跟举世闻名的批判现实主义大师莎士比亚、莫里哀相媲美，或者干脆称他为“杰出的电影界的莎士比亚”。

卓别林能够取得这样高的成就，谁也不能否认他是一个天才，但更重要的却应归功于他的勤奋。他正是用勤奋的汗水来催开他那天才的花朵的。卓别林认为："如果当电影演员需要才能的话，那只是1%，其余的99%是要看努力。"他正是这样做的。他经常混迹在普通观众中间，偷偷到影剧院去观察观众什么时候笑，为什么笑。他创作的电影剧本，绝不仅仅写出了人物的对话和行动，往往不厌其详地写出剧中人物的传记、思想和性格，还同时写下了很多心理、社会和历史方面的插笔，篇幅简直和长篇小说差不多。比如《舞台生涯》（1952年）的剧本初稿就长达750页，最后完成片不过放两个半小时。他花了好几年时间来充分准备拍摄这部影片，实拍时间却不过50天。在拍《移民》这部片子时，他把每个镜头都拍上10次、20次，甚至30次，然后选用最好的。他的摄影师马利·托塞罗有一次拍了12 000米胶片，最后他只选用了500米。

卓别林拍电影是很艰苦的。为了拍《移民》，他曾一连工作了100个小时，整整四天四夜没睡觉。当他最后回到洛杉矶的旅馆房间时，已是尘土满身，胡髭蓬松，累得连路都走不动了。但是，卓别林创作中的艰辛，主要还表现在工作中的思考上面。为了思考，他可能一连几天被弄得痛苦到了极点。然后制片厂里就会传出这样的话："好啦，查利想出来了！"他想出来的也可能是一个不足道的主意，但他在工作中，总是要对每一个细节一再加工，最后使它变成一个出色的有独创性的噱头。

卓别林这种严肃认真、一丝不苟的创作态度，他对"真实可信”的现实主义艺术的执着追求，使他拍出了许多世界影坛的不朽杰作。法国影评家路易·德吕克甚至这样称赞过卓别林的影响：“他是全世界最闻名的一个人。迄今为止，他使圣女贞德、路易十四和克雷孟梭相形见绌。我看不出耶稣和拿破仑有什么地方能和他相提并论。”至于一般观众，对卓别林更是佩服得五体投地，如醉如痴。有一次，卓别林在纽约街头漫步时偶然被人们发现了，如涌的人潮马上淹没过来，霎时间，他的领带、衣领、纽扣都被人摘掉了，有些人甚至打算剪取他的衣服，拿回家去当作圣物一样供奉起来！最为轰动的，是当卓别林32岁重返英国伦敦故里时的盛况。当时，万人空巷，欢迎的人群如潮水般挤得水泄不通。警察们只得拦下一辆出租汽车，好不容易才扶卓别林上了车。车门的踏板上站了三个警察开路。在这辆车子的后面，跟着长长的欢迎行列。许多摄影记者站在敞车上照相；崇拜者不愿离开他们的偶像，又紧跟着跳上了街车；还有许多特制的车辆，车顶上坐满了美丽的女郎。沿着人行道，好奇的人们组成了一道宽厚的篱笆，他们高声欢呼，脱帽向卓别林致敬。在卓别林初到伦敦的三天里，他就收到了73 000封信、明信片、包裹和电报。有些人请求借款和援助，有些人要和卓别林攀亲戚，还有几千个女人倾诉了她们的爱慕之情，信里还寄来了她们的照片。无名的发明家们、财迷们、商人们、濒于破产的工业家们都要求他入股。还有人送给他产业、古物、名画、可以演戏的孪生女孩、神童、配角、旅馆、金表和汽车。许多信封上都不写地址，只写上这么几个字：查利皇帝收。当然，也有极少数匿名信是无耻之徒对卓别林进行造谣、诬蔑、恐吓和辱骂的。

为了答谢广大群众，每当卓别林的一部新片首映，他总要亲往剪彩。欢喜若狂的影迷们不惜在影院外连续等候四五个昼夜，以求一睹艺术大师的风采，以致往往要动用大批警宪部队才能把被群众团团围住的卓别林"抢救"出来。哪怕是隔天就得宣布破产的影院，只要今天能把卓别林笑片的首轮映出权抢到手，就会回春有望……泥土、木头、糖果、肥皂、巧克力、厚纸板、橡胶、塑料、铜、钢铁和花岗石等五花八门的原料制成的大大小小的"夏尔洛"遍布全球；玩具、画像、雕塑、绣片、戏剧、电影、小说，一切人类所及的艺术领域，都有这位"小人物"的身影，被人们亲切地称之为"我们的查利"。甚至还有这么一件奇事，著名导演亚历山大洛夫有一次在墨西哥的偏僻山区，遇到了一队游行的教徒，在他们抬的圣像当中，居然有一个是用厚纸板做成的夏尔洛！当他惊诧地询问这些生平不知电影为何物的印第安人，"这是谁"时，竟然有人毫不犹豫地答道："圣夏尔洛！"可见卓别林对世界的震撼，简直到了令人难以想象的程度。

卓别林的影响这样广泛、这样深入，主要原因，在于他的影片有深刻的思想性和人民性。他在影片中辛辣地揭露和抨击了资本主义和帝国主义的穷凶极恶：他的《淘金记》嘲笑了资本主义不可避免的经济危机；《摩登时代》讽刺了资本主义的所谓文明生产；《大独裁者》对法西斯头子希特勒和墨索里尼进行了无情的鞭挞；《凡尔杜先生》对军火商和战争贩子展开了有力的控诉……这一切，使他在受到了广大人民和正直之士的热烈欢迎的同时，又使美国内外的反动势力害怕得发抖。他们千方百计，对卓别林进行了恶毒的造谣、中伤、迫害和攻击。1936年《摩登时代》在美国公映时，美国垄断资产阶级的赫斯特系报纸就以威胁的口气写道："卓别林从来没有这样强硬和叛逆过……人民是不会饶恕他的。"德国希特勒法西斯政府的宣传部长戈培尔更命令他在巴黎的代表托比，控诉《摩登时代》抄袭了雷克·克莱尔的《我们要求自由》。这自然是别有用心的污蔑，因为卓别林的影片从来都具有自己独特的构思。有趣的是，克莱尔是崇敬卓别林的，他在法庭上的证词无情地驳倒了托比的辩护律师。克莱尔最后还自豪地宣称：如果他的影片能给尊师卓别林以微小的帮助的话，那是他无比的幸福和骄傲。

1939年，希特勒、墨索里尼等人实行法西斯统治，疯狂扩军，侵略战争的阴云笼罩全球。卓别林不顾垄断资产阶级的百般阻挠和德国法西斯势力的暗杀威胁，勇敢地拍摄了《大独裁者》。《大独裁者》原名《独裁者》，快要公映时，有人又百般刁难说它与过去的一部影片同名，不许映出，实在要公映的话，至少也得掏出25 000美元的赔偿费。卓别林一怒之下，就干脆在"独裁者"之前加个"大"字，这样既避免了雷同，又增强了讽刺和嘲笑法西斯的威力，还不必出什么巨额赔偿费。真是一举三得。这是地道的卓别林式的机智和幽默！《大独裁者》是卓别林拍的第一部有声片，他在影片结尾，还特别利用了有声片的有力手段，破例地发表了长达6分钟的演说，号召人们“不要听任野兽摆布你们……把你们当炮灰使用。要为自由而战斗！”“为一个新的、光明的世界而斗争！”这部电影有力地鼓舞了美国人民积极投入国际反法西斯的第二次世界大战。

1942年，世界反法西斯战争正处于最艰难的阶段。苏联军队同德国法西斯进行着决死战斗，美、英两国都在坐山观虎斗，听任苏军单独抗击德寇二百个精锐师的大规模入侵。这时候，欧洲第二战场的开辟，已经成为这场反法西斯战争胜负攸关的大事。这年7月，卓别林大声疾呼，发表了呼吁开辟欧洲第二战场的著名演说，猛烈地抨击了美国的一伙企图利用纳粹德国来打垮社会主义苏联的孤立主义者。同年11月，他又致电法国名画家毕加索，要求发起抗议美国驱除德国反法西斯作曲家汉斯·艾斯勒的运动，对以纳粹德国为代表的法西斯势力进行了公开的挑战。

卓别林对劳苦大众的热爱，对共产主义的同情，对法西斯势力的抨击，以及他在电影创作里对现实主义的执着追求，都一再引起了美国法西斯主义的变种麦卡锡主义对他的恐惧和迫害。卓别林曾多次被所谓“非美活动调查委员会”传讯，被法庭判罪，被各资产阶级报纸非难。1952年8月，卓别林正带着全家去英国参加他的《舞台生涯》的首映式。当卓别林乘船刚刚离开纽约港湾不久，他便从无线电中听到了杜鲁门政府的司法部部长、首席检察官麦克·格兰尼宣布的命令，声称卓别林如果返回美国，他将被逮捕。卓别林一怒之下，决定不再返回那个他曾经居住和工作了40年的国家，并和他的妻子乌娜一起，永远定居瑞士。这一结局绝不意味着麦卡锡主义的胜利。1957年，卓别林在美国之外拍摄新片《一个国王在纽约》，就曾通过一个封建国王在纽约被当成“赤色公子”而受到“非美活动调查委员会”迫害的虚构故事，淋漓尽致地嘲笑了麦卡锡之流的愚蠢和反动。

卓别林反对帝国主义的反动政策，反对法西斯主义战争恐怖的英勇斗争，赢得了全世界社会主义者和一切爱好和平的人们的尊敬。

1977年12月25日凌晨4时，卓别林的心脏在瑞士洛桑家中停止了跳动，享年88岁。世界亿万人民同声哀悼。美国《前卫》周刊在一篇悼念文章中曾经深刻指出：“在所有受欢迎的美国影片中，没有一个形象像卓别林的形象那样给予观众以如此有益的情绪‘价值’，如此深深地触动观众的思想和情感，这里不仅是指他的某一部影片，而是指他的全部作品……不论他有何等的阶级局限性，以致不能从阶级同情上升为阶级觉悟，卓别林仍然是属于劳动人民的。”

音乐神童莫扎特

1762年，在奥地利出现了一个6岁的音乐“神童”，这个“神童”曾轰动了整个欧洲。“神童”由他父亲带领周游欧洲各国，进行旅行演出。这位6岁的小男孩身穿镶有金线的白礼服，头戴银白色曲卷的假发，腰间挎着一把明晃晃的短剑，可爱的小脸蛋儿上充满了天真活泼的稚气。他的两只小脚刚刚踏得到琴上的踏瓣，一双小手却能在键盘上流畅自如地演奏大师们的作品，或是充满感情地弹奏他自己创作的音乐，或是依照听众所指定的主题进行精彩的即兴表演。即使琴键用布完全遮盖住，他仍然能在上面准确无误地弹奏出难度很大的乐曲。这个神童的天赋，使听众惊呆了。他走到哪里，哪里的听众就像着迷一样听他演奏，人们把他称作“18世纪的奇迹”。这位神童后来成为著名的作曲家，他就是莫扎特。

他似乎是带着音乐的旋律降生到世界上来的，他是一位具有非凡天才、早熟的音乐家。他于1756年出生在奥地利首都维也纳附近的一座小城——萨尔斯堡。这座小城是萨尔斯堡独立公国的首府。莫扎特的父亲是一位很有音乐教养、很有才能的小提琴家和作曲家，他一直在萨尔斯堡大主教的宫廷乐队里任职。由于这位大主教喜爱音乐，这座小城洋溢着浓厚的音乐气息。莫扎特从小就生活在良好的音乐环境中。他是家中的第七个孩子，但是，七个孩子中只有莫扎特和他姐姐安娜玛利亚两人活了下来。

莫扎特3岁的时候就显露出对音乐的极大兴趣。姐姐弹琴，他安安静静地坐在一旁认真、仔细地听。姐姐一弹完，他就爬上琴凳，用小手在琴键上敲打，敲来敲去竟然把姐姐刚刚弹的一段曲子奏了出来。孩子对音乐敏锐的接受能力使他父亲大为震惊，他决心要下功夫把儿子培养成为一个音乐家。开始时，父亲担心儿子年幼，不敢教得太多。可是后来他发觉莫扎特学起来一点儿也不费力，很复杂的乐曲，他很快就能领会，掌握。比如，一首小步舞曲，不满5岁的莫扎特只用了半小时就会弹了。然而，最使他父亲感到欣慰的是，他发现自己的儿子不但聪慧过人、有极强的接受能力，而且非常刻苦、用功，小小的年纪就能做到每天坚持练琴。5岁的莫扎特弹琴技巧有了飞快地提高，同时他还试着开始练习作曲。

莫扎特6岁时，他父亲决定带他去周游各国，举行旅行演出。这一方面是为了扩大莫扎特的眼界，另一方面也是为了使儿子得到广泛的承认。他相信，莫扎特惊人的音乐才能一定会引起人们的注意。果然不出所料，他们离开萨尔斯堡，第一站在维也纳演出就获得了极大的成功，奥国女皇把他接到申巴龙夏宫里，欣赏他的演奏。这个6岁孩子非凡的音乐才能轰动了维也纳。莫扎特父子离开奥地利进入德国，人还未到法兰克福，法兰克福城的大街小巷已贴满“神童”莫扎特将要进行精彩绝伦表演的海报。一次，他们路过阿尔卑斯山下的一个小村镇，莫扎特到来的消息像长了翅膀似的早已传开。人们从四面八方涌向小镇，赶来听“神童”的演奏。街上站满了人，人头攒动，挤得水泄不通。莫扎特无法从住处到教堂去演奏，村镇当局只得派出许多年轻力壮的彪形大汉走在莫扎特前面，为他开路。

莫扎特7岁那年来到法国巴黎。那时正是法国资产阶级大革命的前夜，资产阶级启蒙运动十分活跃。巴黎那种观点自由、论战激烈的气氛与莫扎特的祖国奥地利那种陈腐、闭塞的生活形成了鲜明的对照。他在巴黎听到了当时欧洲第一流管弦乐队的演奏，那丰富多彩的巴黎戏剧更给莫扎特留下了深刻的印象。他在巴黎住了半年，大开眼界，得到了很大教益。

离开巴黎，他们渡海来到英国伦敦又停留了一年。在那里，他和德国著名音乐大师巴赫的儿子克利斯蒂安·巴赫结下了深厚的友谊。这位30岁的著名作曲家非常喜爱这个8岁的音乐天才，他常常几个小时不动地坐在莫扎特的身旁，指导他演奏，教给他作曲。克利斯蒂安·巴赫那种明朗、优美如歌的创作风格对莫扎特创作风格的形成产生了很大影响。

巴黎、伦敦之行开阔了莫扎特的眼界，丰富了他的音乐灵感，他的音乐创作才能渐渐显露出来，他不但是一位出色的小演奏家，而且是一位才能出众的小作曲家了。他7岁在巴黎创作的几首奏鸣曲出版了。他8岁在英国第一次运用交响乐的形式创作了三部交响乐。但是，他对歌剧更感兴趣，他11岁那年为萨尔斯堡大学生的戏剧会演写了一部小歌剧。第二年，这位12岁的少年竟欣然接受了维也纳方面的建议，为维也纳剧院写作了歌剧《假傻姑娘》。

意大利是当时欧洲音乐的中心，意大利的歌剧更是誉满欧洲。13岁的莫扎特实现了他梦寐以求的愿望——赴意大利旅行演出。意大利民族具有悠久的音乐文化传统，意大利人民具有很高的音乐鉴赏能力，然而，意大利人民也被莫扎特的音乐才能征服了。有这样一件小事，使意大利人大为震惊：

一天，13岁的莫扎特来到罗马著名的西斯廷教堂前散步。这时教堂的歌手们正在演唱一首著名的多声部《赞美歌》，那庄严、和谐、优美的歌声使莫扎特入了迷，他停住脚步，屏住呼吸，侧耳倾听。歌声停了，他走进教堂想把谱子借来看看。但是，西斯廷教堂有个传统的规定，这首名曲的总谱珍藏在教堂里，不准任何人看。莫扎特留在教堂里，又认真、仔细地听了一遍演唱。听完演唱，他立刻奔出教堂，匆匆赶回住所，凭着记忆竟然把这首不准外传的多声部《赞美歌》准确无误地默记下来了，连一个音符都不差！这件事使意大利人心悦诚服，他们十分钦佩莫扎特的才能。

当时被公认为世界第一流水平的米兰歌剧院，聘请莫扎特为他们剧院写一部歌剧。莫扎特创作的歌剧《米达利达特·黑海王》在米兰公演了，演出的场面十分激动人心。14岁的莫扎特登上了米兰歌剧院的指挥台，指挥鼎鼎有名的意大利乐队演奏他自己写的歌剧。剧院里座无虚席，意大利人怀着好奇的心情来听这位奥地利少年作曲家创作的歌剧。首次公演的盛况超出了人们的预料，歌剧写得很成功，舞台上的演员每唱完一段，全场就响起一阵欢呼，观众用意大利语狂喊“大师万岁！”“大师万岁！”向莫扎特致以敬意。这部歌剧一连演出了二十场，场场满座。

为了表彰莫扎特的作曲才能，罗马教皇向他颁发了“金距轮”奖章，这是奖给极少数最有成就的作曲家的一种奖章。意大利音乐的音乐中心——鲍伦亚学院也破例做出决定，接受莫扎特为该院的院士。一个14岁的孩子能获得如此巨大的荣誉，这在世界音乐史上是极为罕见的。

从6岁到16岁这十年期间，莫扎特的大部分时间是在音乐旅行中度过的。他的足迹遍及德国、英国、法国、荷兰、瑞士、意大利……那时还没有火车，交通很不方便，出门旅行只能乘坐马车。莫扎特坐在颠簸得非常厉害的马车里，从一个城镇到另一个城镇，从一个国家到另一个国家，每到一处都要举行演出。他被迎到宫廷，受到国王、王后的宠爱。奥国女皇曾亲昵地把他抱在膝头。法国国王邀他共度新年。荷兰国王还向他发出特别邀请。他享受到作为“神童”的一切荣誉，淹没在欢呼、喝彩和赞美的海洋之中，他成为当时欧洲音乐界的一个宠儿。

然而，这种艰辛的旅途生活和繁重的演出任务绝不是一个幼小的孩子所能承担、胜任得了的。莫扎特常常被搞得疲惫不堪。但是，为了挣得旅行和生活的费用，他还得出场表演，一演就是四五个小时。有几次他患了重病，险些丢掉了性命。当然，这十年的音乐旅行生活也使他有机会接触到各国各民族的音乐，眼界开阔了，音乐语言、音乐形式都更为丰富了，对他以后的音乐创作产生了深远的影响。

当莫扎特16岁第三次赴意大利旅行演出的时候，他的家乡发生了巨大的变化，以前的萨尔斯堡大公去世了，新继任的大公是个十分专横跋扈骄傲而专横的人，音乐家在他心目中连厨师的地位都不如。在那个时代，音乐家本来就没有社会地位，何况又遇到这样一个暴君！莫扎特的父亲决心让儿子另寻栖身之地。六年时间里，莫扎特两次旅行寻职。他从意大利的米兰到奥地利的维也纳，从德国的慕尼黑到法国的巴黎，人们都承认莫扎特是罕见的天才，但是，却没有一个地方肯收留他。18世纪的欧洲，音乐家仍然不过是从属于宫廷和教会的奴仆而已。光芒四射、才华横溢的莫扎特也逃脱不了这种命运。他的音乐才华随着年龄的增长、阅历的增加，更加成熟，更加光彩照人了。然而相反，他却越来越受到贵族社会的冷淡。莫扎特渐渐明白了，他儿童时代的音乐艺术对贵族社会来说不过是娱乐和消遣而已。事实上也确是如此，比如莫扎特在意大利获得显赫成功的时候，奥国女皇玛利亚·特利萨也曾表现过对莫扎特的极大爱抚，她对莫扎特的才能赞不绝口，向莫扎特订购小夜曲，付给他极厚的报酬，此外，还把一只镶有自己肖像的金表赠给莫扎特，这是女皇赠给她最宠爱的人的礼品。而这种宠爱就如同她宠爱一种小动物和一件可爱的玩偶一样，她内心深处从来也没有尊重过莫扎特。这可以从她给她儿子费尔丁南德大公的信中清楚地看出。费尔丁南德大公想把莫扎特留下来为他服务，女皇坚决不同意，还在给儿子的信中诬蔑、辱骂莫扎特为“像乞丐似的在世界到处游荡、会败坏宫廷风气”的“无益的人”。女皇当面亲吻莫扎特的额头，送给他珍贵的礼品以示“宠爱”，而背后却又如此轻蔑、辱骂他，女皇的言行把上流社会对莫扎特的“宠爱”的虚伪性暴露得多么淋漓尽致！

寻职旅行失败了之后，莫扎特只得返回萨尔斯堡当宫廷乐师。他虽然不愿意作主教的奴仆音乐家，过屈辱的生活。但是，又别无他路，因此，他担任这项职务是很勉强的。大主教给莫扎特规定了两条：一、不准到任何地方去演出！二、没有主教允许不得擅自离开萨尔斯堡。莫扎特的自由被剥夺了，他就像一只自由的小鸟被关进了笼子。

大主教是个十分狠毒的人，他想方设法折磨、侮辱莫扎特。每天清晨，他让莫扎特和其他仆人一起坐在走廊里等待分派一天的工作；他让莫扎特和仆人一个饭桌吃饭；他把莫扎特当作杂役使用，强迫他为自己扫地，收拾房间。

莫扎特所处的时代正是资产阶级大革命的前夜，资产阶级启蒙运动正在蓬勃开展。莫扎特是个受到资产阶级启蒙思想影响的音乐家，他怎么能容忍残酷的封建社会加在他身上的侮辱和枷锁呢？他心里明白，他若离开大主教，辞去宫廷乐师的职务，等待他的必然是贫困、饥饿和死亡的命运。但是，他宁可忍饥挨饿，他也绝不做奴仆了，他要自由！他做出决定，向大主教递交了辞呈。

奴仆怎么能辞职！这岂不是奴隶要造反！大主教暴跳如雷，他把莫扎特叫来，用最下流的话辱骂他，挖苦他，讽刺他，侮辱他。但是，莫扎特没有屈服，他坚决要求辞职。过几天，他又去找大主教，大主教连见都不见，派出走狗阿尔柯伯爵来对付莫扎特。阿尔柯伯爵怒气冲冲地走过来，一脚把莫扎特从楼梯上踢了下去。莫扎特从楼梯上翻滚下来，眼前一黑，失去了知觉。从此，莫扎特大病了一场。病愈后他渴求自由、摆脱大主教迫害的决心更加坚定了。

25岁的莫扎特毅然决然地离开萨尔斯堡，只身来到维也纳。这是他一生重大的转折，这是他对封建迫害的公开反抗。他在维也纳开始了他一生中音乐成就最辉煌的时期。

莫扎特获得了自由，但是，接踵而来的便是贫困。莫扎特勤奋地工作，他每天早早起床，利用清晨时间写作乐曲。白天他去当家庭教师，教孩子们弹钢琴。晚上是繁重的演出活动，演出回来再接着创作乐曲，直写到手累得抬不起笔为止。他日夜辛劳，紧张拼命地工作，但是所得到的报酬却刚刚够付房租和交饭费。

这时，莫扎特恋爱了。他爱上了一位音乐家的女儿君斯坦齐娅，君斯坦齐娅的家庭也很穷苦。莫扎特的父亲劝儿子不要结婚，因为婚后他们将更加穷困。莫扎特在给父亲的信中明确地表示了他不怕穷困的坚定信念：

“……我们出身低微，境况不好，而且贫穷，不要有富有的妻子。因为财富与我们无缘，我们的财富保存在头脑中——没有人能把它从我们身上取走，除非砍下我们的脑袋……”

26岁的莫扎特违反父亲的意志，与君斯坦齐娅结婚了。不出父亲所料，他婚后的生活变得更加穷困。一个人刚能勉强糊口，现在还要抚养妻室儿女，沉重的生活负担压在莫扎特的身上，他拼命地写，写了一曲又一曲，他的作品闪耀着光辉，震撼了欧洲乐坛，但是他的收入却微乎其微。严寒的冬天，北风呼啸，莫扎特的家里却没有钱买柴，屋内冷如冰窖。莫扎特的手冻僵了，无法继续写作，他拉着妻子的手，在屋里跳起舞来，用跳舞来取暖。妻子病倒了，莫扎特焦急万分，因为他没有钱请医生。孩子哭了，肚子饿，莫扎特有时连买面包的钱也凑不够。一位才华横溢的音乐家竟落到这样悲惨的境地，挣扎在死亡线上。

为了改变这种困境，增加一些收入，莫扎特拖着疲惫不堪的身躯到处举行旅行演奏会。演奏是出色的，然而演奏结束后所得的尽是些表呀、鼻烟壶呀、戒指呀，这些所谓的名贵礼品，怎么能当饭吃呢？莫扎特只好去当掉这些东西，拿上钱去吃一顿饱饭。莫扎特是个出众的音乐家，他有许多狂热的崇拜者。他的演奏会一结束，听众被他的音乐所感动，鼓掌，喝彩，抬着举着他把他送回住处。他们哪里会知道，他们所崇拜的音乐家肚子正饿得咕咕叫呢！

但是，生活的重担没有压垮莫扎特，贫困的境况丝毫没有动摇莫扎特献身音乐事业的坚定信念。他把理想、希望和热情都倾注在他的乐曲中，在这些困苦的年代，他创作出了许多优秀的作品。

他写大型的交响乐，钢琴协奏曲，小提琴曲，也写精巧的小夜曲，还写各种乐器的协奏曲，都是些非常优美的杰作。他用美妙的旋律，生动活泼的音乐语言编织着理想和希望的花环。他的乐曲倾诉了他内心深处淡淡的哀愁，但他倾诉更多的仍是对美好生活的渴望和憧憬。明朗、乐观的情绪，光辉、明丽的色彩在莫扎特的作品中是占主导地位的。

莫扎特在歌剧方面取得的成就尤为突出。正是在维也纳他的生活最困苦的时期，他创作了《费加罗的婚礼》《唐·璜》《魔笛》等著名的歌剧，其中影响最大、声誉最高的是《费加罗的婚礼》和《魔笛》这两部。

当时在欧洲各国，崇拜意大利歌剧的风气十分严重，不管在哪国，一般的歌剧脚本常常都是用意大利文写成的。莫扎特非常贬视那些丧失民族自尊心、拜倒在外国文艺脚下的贵族们。莫扎特决心要突破这种现状，用祖国的语言来创作自己民族的歌剧。他在给他父亲的信中，这样写道：

“要是我能在音乐的领域内提高德意志民族舞台的地位，人们该会多么喜欢我啊——而在这方面，我是一定会成功的。”

莫扎特终于实现了自己的愿望，他创作了德语歌剧脚本《魔笛》。这是莫扎特最后的一部歌剧，也是他重要的代表作。

繁重的艺术创作劳动和穷困生活的折磨，耗尽了莫扎特的精力，莫扎特的健康情况越来越坏。莫扎特写完《魔笛》这部歌剧时，他已经病得很重了。一天，一个身穿黑衣的人闯进了他的住宅，他来订购一首《安魂曲》，规定了期限，既不留姓名，也不留地址转身就走了。没过几天，这个奇怪的黑衣人又出现了，他把钱留下，只催莫扎特快写。这位黑衣人的来临使莫扎特深感不安，他支撑着病体赶写《安魂曲》：他紧张激动，噙着泪水对别人说，“这是为我自己写的《安魂曲》啊！”

后来才查明，这黑衣人原来是一个伯爵的仆人。他的主人喜爱音乐，但是作曲水平十分拙劣，可是又爱虚荣。他常常隐名埋姓去订购一些有名作曲家的作品，冒充是自己写的作品在朋友面前炫耀。那时，他妻子去世了。伯爵想像以前一样卖弄一下自己的本领，于是暗暗派仆人隐名向莫扎特订购一首《安魂曲》。

莫扎特写作《安魂曲》时激动不安的情绪加重了他的病情。1791年12月4日夜里，莫扎特预感到自己不久于人世了，他让人把一只钟摆在他的床头，他看着钟，想象着那一天晚上《魔笛》在剧场演出的情景，他默吟着歌剧中他最喜爱的咏叹调和重唱曲的旋律，慢慢闭上了眼睛，离开了人世。

莫扎特下葬的那一天，狂风呼啸，雪花漫卷，送葬的人没有走到墓地就散了。他的妻子当时正病重，卧床不起。下葬时，没有一个亲属在场。莫扎特的遗体埋葬在穷人的公墓里，那里坟头纵横，谁也指不出这位伟大的音乐家究竟埋葬在哪里了。莫扎特去世时只有35岁，残酷的社会、贫穷的折磨夺去了这位伟大音乐家的生命，摧残了莫扎特的才华。莫扎特悲惨短促的一生是一个伟大的艺术家与落后的封建社会之间不可调和的冲突的结果。

莫扎特的一生是短促的，但是，他一生所创作的音乐作品，数量之大，艺术技巧之精湛，都是十分惊人的，他一生创作了17部歌剧，49部交响乐以及数量繁多的各种各样的器乐曲。后人将他的作品搜集起来，印成厚厚27本的《莫扎特全集》。

莫扎特是一位伟大的音乐家，他对欧洲音乐的发展做出了卓著的贡献。他奠定了近代协奏曲形式，并且在海顿之后进一步丰富了交响乐与室内乐的表现力。他的音乐对以后的音乐家的成长产生过很大影响，德国大音乐家贝多芬、舒伯特，俄国音乐家格林卡、柴可夫斯基，挪威音乐家格里格等都非常喜爱莫扎特的音乐。

曾经“一事无成”的沃森父子

有位叫沃森的美国人，出生于一个贫困家庭，幼年时没读过几天书，17岁就开始打工谋生，向人们推销缝纫机和乐器。好不容易积攒一笔钱，开了一家肉铺，可人心难测，他的合伙人在一个早上把全部资金席卷一空，逃之夭夭。肉铺倒闭，沃森也破产了，他只好重返老本行搞推销。正当他的事业越来越顺利的时候，一场飞来横祸把他打入人生的谷底。沃森因公司经营问题被控有罪，面临牢狱之灾。虽然沃森交了5 000美元的保释金了事，但他的厄运还没有结束。生性多疑的老板对他越来越猜忌，认为他在拉帮结派，结局是被老板扫地出门。在走出公司的那一刻，沃森愤然转身说道："我要去创办一个企业，比这儿还要大！"那一年他已经40岁了，怀里抱着刚刚出生的儿子小沃森。

在沃森的严厉管教下，小沃森产生了逆反心理，成为学校有名的"坏小子"、捣蛋鬼。12岁那年他买了一瓶黄鼠狼臭腺，当学校师生全体集合时，他打开了臭腺瓶，搞得整个校区臭气熏天。学校对此事作了严肃处理，让他暂时休学。他的小学校长还断言：这个孩子长大了也不会有出息。另外，在紧张的父子关系下，小沃森从13岁起得了长达6年的抑郁症，还患上了阅读障碍症。用了6年、换了3所学校，他才将高中念完，后来勉强上了大学。大学毕业之后，小沃森成为一名推销员，但他将大部分时间都花在飞行和泡妞上。一位客户说："你这样的人一辈子都会一事无成。"

看看这些，人们会觉得沃森父子俩糟糕透了，不仅命运多舛、为人不容，而且还口出狂言、差劲到顶。如果把思维定格于此，那就大错特错了。

只说沃森这个名字，人们可能不熟悉，但如果说"IBM"也就是"国际商用机器公司"，就恐怕无人不晓了！要知道IBM的创始人就是沃森父子。

在40岁这年，沃森来到纽约闯荡，生产制表机、计时钟等办公自动化工具，由此踏出了时来运转、迈向成功的关键一步。在他的不懈努力下，几乎所有的保险公司和铁路公司都用上了他们公司生产的制表机，美国政府也向他们发来了订单，沃森被誉为“世界上最伟大的推销员”。

厌倦推销的小沃森后来报名参军，成为一名飞行员，这段经历让小沃森走向成熟。退役后，他回IBM帮助父亲。20世纪60年代，小沃森投入50亿美元，“以整个公司为赌注”，启动了一条全新的计算机生产线，大获成功，使IBM成为计算机界的“蓝色巨人”。那个时候，美国研制第一颗原子弹的曼哈顿计划才用了20亿美元。IBM以其出色的管理、超前的技术和独树一帜的产品，领导着全球信息业的发展。从阿波罗飞船登上月球，到哥伦比亚航天飞机飞上太空，无不凝聚着IBM无与伦比的智慧。1986年，IBM公司年销售额高达880亿美元，雄踞世界100家最大公司的榜首。在领导IBM公司期间，小沃森表现出了他的卓越才能。有一次，小沃森让一位决策失误使公司损失1 000万美元的经理到他的办公室。这人畏畏缩缩进来，小沃森问：“你知道我为什么叫你来吗?”这人回答：“我想是要开除我。”小沃森十分惊讶：“开除你？当然不是，我刚刚花了1 000万美元让你学习。”然后他安慰这位经理，而且鼓励他继续冒险。后来，这个人为IBM公司做出了突出贡献。

沃森打破坚冰，开通航道；小沃森继往开来，扬帆远航。沃森父子俩的传奇经历仿佛一部“美国梦”，可是没有另一对父子像沃森父子那样，共同改变了美国现代商业的面貌。

诚实守信的林肯

1809年2月12日，亚伯拉罕·林肯出生在一个农民的家庭。小时候，家里很穷，他没机会上学，每天跟着父亲在西部荒原上开垦、劳动。他自己说：“我一生中进学校的时候，加在一起总共不到一年。”但林肯勤奋好学，一有机会就向别人请教。没钱买纸、笔，他放牛、砍柴、挖地时怀里也总揣着一本书，休息的时候，一边啃着粗硬冰凉的面包，一边津津有味地看书。晚上，他在小油灯下常读书读到深夜。

长大后，林肯离开家乡独自一人外出谋生。他什么活儿都干，打过短工，当过水手、店员、乡村邮递员、土地测量员，还干过伐木、劈木头的重力气活儿。不管干什么，他都非常认真负责，诚实而且守信用。

他十几岁时当过村里杂货店的店员。有一次，一个顾客多付了几分钱，他为了退这几分钱跑了十几里路。还有一次，他发现少给了顾客二两茶叶，就跑了几里路把茶叶送到那人家中。他诚实、好学、谦虚，每到一处，都受到周围人的喜爱。

1834年，25岁的林肯当选为伊利诺斯州议员，开始了他的政治生涯。1836年，他又通过考试当上了律师。

当律师以后，由于他精通法律，口才很好，在当地很有声望。很多人都来找他帮着打官司。但是他为了当事人辩护有一个条件，就是当事人必须是正义的一方。许多穷人没有钱付给他劳务费，但是只要告诉林肯："我是正义的，请你帮我讨回公道。"林肯就会免费为他辩护。

一次，一个很有钱的人请林肯为他辩护。林肯听了那个客户的陈述，发现那个人是在诬陷好人，于是就说："很抱歉，我不能替您辩护，因为您的行为是非正义的。"

那个人说："林肯先生，我就是想请您帮我打这场不正义的官司，只要我胜诉，您要多少酬劳都可以。"

林肯严肃地说："只要使用一点点法庭辩护的技巧，您的案子很容易胜诉，但是案子本身是不公平的。假如我接了您的案子，当我站在法官面前讲话的时候，我会对自己说：'林肯，你在撒谎。'谎话只有在丢掉良心的时候，才能大声地说出口。我不能丢掉良心，也不可能讲出谎话。所以，请您另请高明，我没有能力为您效劳。"

那个人听了，什么也没说，默默地离开了林肯的办公室。

富兰克林和书

美国18世纪著名政治家、科学家富兰克林，参加过独立战争，参加起草独立宣言，代表美国同英国谈判，后签订巴黎和约，曾创办《宾夕法尼亚报》，建立美国第一个公共图书馆。他在研究大气电方面有重要贡献，发明避雷针。著有《自传》。

富兰克林自幼酷爱读书。家贫无钱上学，从少年时代起，就独自谋生。常常饿肚子省钱买书读。

某一天，富兰克林在路上看到一位白发老妪，已饿得走不动了，将自己仅有的一块面包送给她。老妪看富兰克林的样子，也是一个穷人，不忍收他的面包。

“你吃吧，我包里有的是。”富兰克林说着拍拍那只装满书籍的背包。

老妪吃着面包，只见富兰克林从背包里抽出一本书，津津有味地读起来。“孩子，你怎么不吃面包啊？”老妪问道。富兰克林笑着回答说：“读书的滋味要比面包好多了！”

经济拮据，购书能力有限，他只得经常借书读。他常在夜间向朋友敲门借书，连夜点起一盏灯，专心读书，疲乏了就以冷水浇头提提神，坐下继续阅读完，第二天一早，准时把书还给书主，从不失信。

居里夫人与镭

玛丽·居里于1891年去巴黎求学。在巴黎大学，她在极为艰苦的条件下勤奋地学习，经过四年，获得了物理和数学两个硕士学位。

居里夫妇结婚后次年，即1896年，贝可勒耳发现了铀盐的放射性现象，引起这对青年夫妇的极大兴趣，居里夫人决心研究这一不寻常现象的实质。她先检验了当时已知的所有化学元素，发现了钍和钍的化合物也具有放射性。她进一步检验了各种复杂的矿物的放射性，意外地发现沥青铀矿的放射性比纯粹的氧化铀强四倍多。她断定，铀矿石除了铀之外，显然还含有一种放射性更强的元素。

居里以他作为物理学家的经验，立即意识到这一研究成果的重要性，放下自己正在从事的晶体研究，和居里夫人一起投入到寻找新元素的工作中。不久之后，他们就确定，在铀矿石里不是含有一种，而是含有两种未被发现的元素。1898年7月，他们先把其中一种元素命名为钋，以纪念居里夫人的祖国波兰。没过多久，1898年12月，他们又把另一种元素命名为镭。为了得到纯净的钋和镭，他们进行了艰苦的劳动。在一个破棚子里，夜以继日地工作了四年。自己用铁棍搅拌锅里沸腾的沥青铀矿渣，眼睛和喉咙忍受着锅里冒出的烟气的刺激，经过一次又一次的提炼，才从几吨沥青铀矿渣中得到十分之一克的镭。由于发现放射性，居里夫妇和贝可勒耳共同获得了1903年诺贝尔物理学奖。

1906年，比埃尔·居里因车祸不幸逝世，年仅47岁。比埃尔·居里去世后，居里夫人忍受着巨大的悲痛，接任了她丈夫在巴黎大学的物理学教授职位，成为该校第一位女教授。她继续放射性的研究工作。1910年，她和法国化学家德别爱尔诺一起分析出纯镭元素，确定了镭的原子量和在元素周期表中的位置。她还测出了氡和其他一些放射性元素的半衰期，整理出放射性元素衰变的系统关系。由于这些重大成就，又荣获1911年诺贝尔化学奖，成为历史上仅有的两次获得诺贝尔奖的科学家。

居里夫妇亲自体验了镭的生理效应，他们曾不止一次地被镭射线烫伤。他们与医生一起研究将镭用于治疗癌症，开创了放射性疗法。第一次世界大战期间，她为了自己的祖国波兰和第二祖国法国，参加了战地卫生服务工作，组织X光汽车和X光照相室为伤兵服务，还用镭来治疗伤兵，起了很大的作用。

大战结束后，居里夫人回到巴黎她创建的镭学研究所，继续自己的研究工作并培养青年学者。晚年完成了钋和镅的提炼。居里夫人在无任何防护设施的情况下从事了35年的镭元素研究，加上大战期间四年建立X射线室的工作，射线严重地损害了她的健康，引起她严重贫血。1934年5月她不得不离开自己心爱的实验室，并于1934年7月4日与世长辞。

诸葛亮喂鸡

诸葛亮少年时代，从学于水镜先生司马徽。那时，还没有钟表，计时用日晷，遇到阴雨天没有太阳，时间就不好掌握了。为了计时，司马徽训练公鸡按时鸣叫，办法就是定时喂食。诸葛亮天资聪颖，司马先生讲的东西，他一听便会，求知若渴。为了学到更多的东西，他想让先生把讲课的时间延长一些，但先生总是以鸡鸣叫为准，于是诸葛亮想：若把公鸡鸣叫的时间延长，先生讲课的时间也就延长了。于是他上学时就带些粮食装在口袋里，估计鸡快叫的时候，就喂它一点粮食，鸡一吃饱就不叫了。

过了一些时候，司马先生感到奇怪，为什么鸡不按时叫了呢？经过细心观察，发现诸葛亮在鸡快叫时给鸡喂食。司马先生在上课时，就问学生，鸡为什么不按时鸣叫？其他学生都摸不着头脑。诸葛亮心里明白，可他是个诚实的人，就如实地把鸡快叫的时候喂食来延长老师授课时间的事告诉了司马先生。司马先生很生气，当场就把他的书烧了，不让他继续读书了。诸葛亮求学心切，不能读书怎么得了，可又不能硬来，便去求司马夫人。司马夫人听了请葛亮喂鸡求学遭罚之事深表同情，就向司马先生说情。司马先生说：“小小年纪，不在功课上用功夫，倒使心术欺蒙老师。这是心术不正，此人不可大就。”司马夫人反复替诸葛亮说情，说他小小年纪，虽使了点心眼，但总是为了多学点东西，并没有他图。司马先生听后觉得有理，便同意诸葛亮继续读书。

柳公权发愤练字

有一天，柳公权和几个小伙伴举行“书会”。这时，一个卖豆腐的老人看到他写的几个字“会写飞凤家，敢在人前夸”，觉得这孩子太骄傲了，便皱皱眉头，说：“这字写得并不好，好像我的豆腐一样，软塌塌的，没筋没骨，还值得在人前夸吗？”小公权一听，很不高兴地说：“有本事，你写几个字让我看看。”

老人爽朗地笑了笑，说：“不敢，不敢，我是一个粗人，写不好字。可是，人家有人用脚都写得比你好得多呢！不信，你到华京城看看去吧。”

第二天，小公权起了个五更，独自去了华京城。一进华京城，他就看见一棵大槐树下围了许多人。他挤进人群，只见一个没胡双臂的黑瘦老头赤着双脚，坐在地上，左脚压纸，右脚夹笔，正在挥洒自如地写对联，笔下的字迹似群马奔腾、龙飞凤舞，博得围观的人们阵阵喝彩。

小公权“扑通”一声跪在老人面前，说：“我愿意拜您为师，请您告诉我写字的秘诀……”老人慌忙用脚拉起小公权说：“我是个孤苦的人，生来没手，只得靠脚巧混生活，怎么能为人师表呢？”小公权苦苦哀求，老人才在地上铺了一张纸，用右脚写了几个字：

“写尽八缸水，砚染涝池黑；博取百家长，始得龙凤飞。”

柳公权把老人的话牢记在心，从此发愤练字。手上磨起了厚厚的茧子，衣服补了一层又一层。经过苦练，柳公权终于成为我国著名书法家。

点烛读书的寇准

北宋时的大臣寇准，当过宰相。寇准小的时候，常爱站在父亲身边，看父亲写诗作画。到了寇准6岁生日这天，父亲送给他一套笔砚。寇准高兴极了，马上磨好墨，铺开纸，趴在桌子上，照着父亲刚写好的一副对联，一笔一画地临摹起来。

父母看他写得那么认真，高兴得连连点头。父亲说：“从小立下志向，长大以后才会有出息呀！”

受了父亲的夸奖，寇准学习的劲头更大了。有时候，夜深人静了，他还点着蜡烛读书。

一天夜里，母亲睡了一觉醒来，发现对面屋里边有亮光，窗户纸上映出寇准读书的身影。母亲心疼儿子，怕他累坏了。第二天早上，她来到寇准屋里，只留下一支蜡烛，把剩下的全拿走了。

寇准发觉以后，急得直跺脚。没有蜡烛，夜里没法读书了，他真想哭一场。怎么办呢？他想啊想啊，终于想出了一个办法。

天黑了，他跑到仆人们住的屋里，伸出一双小手，甜甜地笑着说："给我几支蜡烛吧！"

仆人们看他的样子特别可爱，都愿意给他蜡烛。寇准拿着蜡烛飞快地跑回屋去。这一来，他又可以点上蜡烛读书了。

寇准后来当了宰相。北方的辽国入侵中原的时候，他主张抗战，促使宋真宗上前线亲征，打败了辽军，成为一位受到后人尊敬的政治家。

徐悲鸿买画

早在新中国成立前，徐悲鸿刚到北平时，便经常去琉璃厂的字画店里浏览，以搜集古今的优秀字画。遇上他所喜爱的，就会情不自禁地说："这是一张好画！""这是难得的精品！"等等，直说得站在旁边的画商眉开眼笑，本来没有打算要高价的，现在却向徐悲鸿提出了高价。而徐悲鸿一旦看中，便不再计较价钱。有时为了买画，家中的钱又不够，他就再添上自己的画。

徐悲鸿当时的经济条件并不富裕，他自己的生活过得十分俭朴，连双皮鞋都要到旧货摊上去买，他的妻子廖静文有时埋怨他说：

"你何必在画商面前表示你那样喜爱这张画呢？你不会冷

静一些吗？你总是让人家看出你非买不可，结果你原可以少出一些钱就能买到的画，也被人家要了高价。”

徐悲鸿温和地点头笑了，承认她的话很有道理。但是，下一次再遇到画商送来好画时，他还是情不自禁地赞不绝口。

徐悲鸿终生不知疲倦地收集我国古代传统绘画，使它们能得到自己的研究、整理和保护。当一幅好画突然出现在他面前时，他激动、他兴奋、他赞赏。假如，他对一幅真正的好画能装出无动于衷的样子，那他就不是画家徐悲鸿了。

勤奋读书的成仿吾

成仿吾是我国当代著名作家。他4岁开始读书，记忆力很好，他的祖父很喜欢他。其实，祖父更喜爱成仿吾那自觉的学习态度。每天，他黎明前就自行起床，在高脚油灯下朗读古文，早饭后又写字、作文。这些好习惯，直到晚年，他还坚持不懈。8岁时，他每天步行20多里，到一个设在祠堂里的私塾去读书，朗读、书写、背诵，成绩优异，10多天就练写一篇文章。10岁时，他到离家80多里路的西门书屋上学。西门书屋全校有七八十个学生，年龄最大的20多岁，成仿吾最小，学习成绩却在众人之上，是西门书屋就读学生中的佼佼者。12岁时，为了获得更多的知识，成仿吾执意一人到县城去读官办小学，后来因病才辍学。

13岁时，成仿吾的母亲戴氏病逝。大哥成劭吾回国奔丧。料理完丧事后，就带着成仿吾前往日本读书了。哥哥一人的公费，供兄弟俩留学之用，生活自然十分艰苦。但成仿吾依然努力学习，甚至比以前更勤奋了。他学外语总学在别人前头，一天能背熟100多个外语单词。成仿吾先在名古屋第五中学上学，不到一年，就完全掌握了日语，说、读、写，样样都很自如。同学们学日语时，他已经开始学英语了。同学们学英语时，他又学德语了。经过一生的艰苦努力，最终，成仿吾精通了日、英、德、法、俄5种语言。后来，郭沫若在《创造十年》里就非常赞赏地说："他很有语学上的天赋，他对于外国语的记忆力实在有点惊人。"在古诗词方面，郭沫若又说，成仿吾"到日本时年纪很小，但他对于中国的旧文献也很有些涉猎。我们在冈山同住的时候，时常听见他暗诵出不少诗词。这也是使我出乎意外的事。"

勤思敏学的瞿秋白

1904年，瞿秋白5岁的时候，开始在星聚堂的亲戚庄怡亭坐馆的私塾里读书。这位18岁的启蒙老师是第一次坐馆。私塾里的功课，开始是认字，接着是读"神童诗"。瞿秋白在入学之前，他的母亲就已经教他认字和背诵古诗了。“床前明月光，疑是地上霜。举头望明月，低头思故乡。”已经背得很熟。有一次，他背诵：“昨日入城市，归来泪满襟。遍身罗绮者，不是养蚕人。”母亲问道：“上城归来，为什么泪满襟?”秋白答道：“这是因为养蚕的人穿不着绸，不养蚕的人满身都穿着绸。”母亲听了很高兴，抚摸着他的头说：“读书能悟出其中的道理，这才是真读书。”又有一次，秋白听母亲讲古诗《孔雀东南飞》里的故事，他问道：“刘兰芝和焦仲卿夫妻很要好，为什么婆婆不要她?”祖母听了不禁笑起来，觉得他问的很有意思。

幼年时，母亲常带秋白到离常州城不远的北门外农村去，那儿住着他的舅父家和姑母家。这使他有机会接近旧中国的农村和农民的孩子。他同情农民的孩子，有时和他们一起去玩耍、劳动、放牛、戽水和割稻子。有一次，他在舅舅家，跟邻家一个农民孩子去放牛。回来的时候，少了一件褂子。母亲责问他把褂子丢到哪里去了，他低声说：“送给邻家的孩子了，因为那个孩子穷得连一件褂子也没有。”

星聚堂的前面，有条庙沿河，河上架着一道小桥，叫作觅渡桥。过桥沿河向右走，不远就是冠英小学。瞿秋白在九皋楼读了一年多私塾，即转入冠英小学读书。这个学校分为初等和高等两级，瞿秋白入学时读的是初等。学校校长庄苕甫是清末的举人，但他却具有维新思想，主张废科举，办学堂，因此在庄氏二贤祠内办起了这座小学校。学校里除了请本地的秀才任教师而外，还聘了一个日本教师来教博物学。

这时，瞿秋白的家庭经济情况更不如从前了。居住在杭州的做过官的四伯父不再继续补贴他家的生活费用。当这位伯父把祖母接到杭州去赡养以后，就停止了对于瞿秋白家的补贴。但是，生活的艰难并没压垮他，这更磨炼了瞿秋白的意志，他沉默寡言，发愤读书，取得了优秀的成绩。

瞿秋白从小就勤思敏学，善于分析，省悟书本中所蕴含的至真至善的道理，长大后成了位著名的革命者。

齐白石学艺

齐白石是我国现代书画家和篆刻家。但他原是一位雕花木工，只在余暇学画和篆刻。27岁那年，他的人生出现了重大转折。

1889年春节的一天，书画家给齐白石出了个画题，让他画一张横批。作完后，胡沁园十分惊喜，遂即收齐白石为徒。他教齐白石读唐宋诗，并引导他看小说。齐白石非常珍惜这个机会，常常读到深夜。

经过几个月的苦读，齐白石背熟了《唐诗三百首》，还研读了不少古人诗文，浏览了许多古典名著。他作的诗也别具一格，具有唐风宋骨的韵味。

胡沁园从“立意”“用笔”等基本功入手教授齐白石，还把自己珍藏的古今名画借给他观摩。齐白石眼界大开，他揣摩“八大山人”的作品，临摹、领会其用笔之妙，吸取百家之长，绘画技艺突飞猛进，不足一年就掌握了山、水、人、物、花、鸟的基本画法和技巧。

在老师的言传身教下，他苦练书法和刻印。短短几年时间，齐白石在绘画、篆刻、吟诗、书法、装裱等方面都取得了惊人的进展，成为名满天下的书画家。

自学成才的三毛

三毛本名陈平，原籍浙江定海，1943年生于四川重庆。

1948年底，举家迁居台湾。童年的三毛并未立志当一名作家，却喜爱美术，她幻想将来成为一位画家的妻子。

三毛小时曾读过一本《三毛流浪记》，对她影响很大，从此便沉迷于书海之中了，疯狂地爱上了文学。长大后开始写作，她不署名陈平，而以“三毛”为笔名，作为纪念。读小学、中学时，三毛的文章写得不错。在小学时，她便开始给报刊投稿了，参加学校讲演的稿子都是她亲笔写的。在初中，她还学过写诗。

三毛早年的人生道路是崎岖坎坷的。就读于台北某女中时，三毛对数学不感兴趣，成绩很差，老师则以此嘲讽她，好强的三毛为不受歧视，发奋用功，终于获得了好成绩。但这位老师却误为“作弊”，竟在她脸上画圈，叫她绕跑道跑，在她幼小的心灵上留下巨大的创伤。她忍无可忍，只好逃学。她父亲得知此事后，并未责怪她，而是让她休学。

从13岁到20岁整整7年的时间里，三毛都是在家自学的。她的父亲陈嗣庆是一位律师，母亲钟进兰也有很好的文学修养，都耐心教导她。回忆往事，三毛说：“不是妈妈的熏陶，我写不出来这许多文章。”在那段不短的岁月里，三毛用功读书，孜孜不倦。她读唐诗、宋词、《古文观止》、看《红楼梦》《水浒》……学绘画，弹钢琴，还学会了英、日、法、德，尤为出色的是西班牙文学。

20岁那年，三毛的好友鼓励她进大学求知。在得到台湾中国文化学院院长张其昀的允诺后，三毛进该校深造。最初她学的是哲学，两年后转入新闻系。在大学读书时，她的老师读了三毛写过的一篇3万多字的文章后感动得哭了，认为三毛是他的学生中“最有才华”的一位。

三毛出版过10多本著作，大都是散文集，其中有《雨季不再来》《稻草人手记》《撒哈拉的故事》《哭泣的骆驼》《温柔的夜》《梦里花落知多少》《背影》《送你一匹马》《倾城》《我的宝贝》等。三毛还译有《兰屿之歌》《娃娃看天下》等书。后者是1 000页的西班牙漫画书。为译此书，三毛与丈夫荷西曾历时8个月，每天晚上不看电视，将门锁上，工作到深夜。

三毛满怀激情地把漫游世界的所见所闻，挥笔成篇。她写的多是真实的事情，自称其作品“几乎全是传记文学式”的。她还说过，“我并不是作家，只是一个生活的记录者。”她的作品自成风格，生活气息浓厚，感情真挚。有人评论她的作品风格是“朴实、自然、坦率、真情”。

70年代中期，三毛的作品在台湾极为畅销，一度出现过“三毛热”。有人说，三毛在台湾文坛掀起了撒哈拉沙漠的风暴，让喜爱她的读者噙着泪水，带着微笑，注视着她的足迹，从沙漠到海岛拨动了无数读者的心弦。1986年她还被评为“台湾最畅销书十大作家之一”。

一位台湾作家指出，三毛的文笔清新通俗，具有强烈的个性，这可能是她的作品特别受读者欢迎的原因。一位台湾心理学教授分析说，三毛将南美洲描写得那么好，事实上那儿却是战火连天，充满人间的苦闷。现实生活既然有这么多的苦闷、束缚，尤其年轻人，面对着现有制度下巨大的压力和挑战，大家多么希望在精神上暂时舒放自由一些，逃避到一个没有战争，没有恨，到处充满爱的世界。这也许是三毛文章受欢迎的原因。

爱读书的钱钟书

钱钟书，字默存，号槐聚，曾用笔名中书君。江苏无锡人。学者、作家、诗人。以周岁抓“周”抓到书而取名“钟书”。过嗣伯父后由其开蒙读书。七八岁时，已能囫囵吞枣地阅读家藏的或书摊上租来的“正经”和“不正经”的小说。14岁时，曾借读到大批通俗文学杂志如《小说世界》《红玫瑰》《紫罗兰》等，乃恣情浏览。

考入清华大学西洋文学系后，喜博览中西图书。上课时从不做笔记，但常一面听讲，一面阅读与课程无关之书。后留学英法。回国后先后任清华大学、西南联大、蓝田国立师范学院等校教授。50年代初任中国社会科学院古典文学研究所研究员。平生淡泊，独钟情于书，人谓“书痴”。“只要有书可读，别无营求”（杨绛《记钱钟书与〈围城〉》）。而读书完全出于喜好，“似馋嘴老贪吃美食：食肠很大，不择精粗，甜咸杂进”。尤喜读“极俗的书”，而精微深奥的哲学、美学、文艺理论等高头讲章，则像“小儿吃零食那样吃了又吃，厚厚的一本本渐次吃完”。亦喜读诗歌。至于厚重的大字典、辞典、百科全书等工具书，他“不仅挨着字母逐条细读，见了新版本，还不嫌其烦地把新条目增补在旧书上”。读书同时则兼做笔记。从其自题诗句：“书癖钻窝蜂未出，诗情绕树鹊难安”、“晨书暝写细评论，诗律伤严敢市恩”等句可见其读写之情。著有《管锥编》《谈艺录》和《围城》等。其中前两种学术著作仅引征书籍就多达4 000多种。而《围城》则倾倒一时读书之人，在40年代初版后，有“交谈不说《围城》记，纵读诗书也枉然”之说。另著有小说集《人·兽·鬼》，散文集《写在人生边上》，学术著作《七缀集》等。

歌德让路

歌德是德国历史上一位伟大的诗人，他的许多诗歌在当时就广为人们所传颂。但在他生活的那个时代，也有人对他和他的作品怀有成见。

一天，他在魏玛公园里散步，在一条人行道上，迎面遇见一位对他的作品提过尖锐的、带有挖苦性批评的批评家。两人面对面地停住，那位批评家蛮横地喊道："我从来也不给蠢货让路。"歌德则说："而我正相反！"说着满面笑容地让在一旁。那位批评家走过去以后更加气急败坏了，可他半天也没有说出一句话。

歌德对那位寻衅污辱他的批评家，不仅表现出豁达的情操和高雅的风度，而且只用一句话就对他进行了巧妙的还击。

批评家用了一个混合关系的三段论，即大前提——我从来不给蠢货让路；小前提——你是蠢货；结论——所以，我不能给你让路。他只说出推理的大前提，小前提隐而不说，以不让路的事实来表明他的结论。歌德的推理是："而我正相反"，即凡是蠢货都给他让路；你是蠢货，所以，我给你让路。歌德也只是说出了大前提，以让路的行动表明结论，省略的小前提则是——你是蠢货。

马克·吐温的回答

美国有一个百万富翁，他的左眼球发生疾病，于是摘除后，装上了一个价值昂贵的假眼。这只假眼确实装得好，以至于生人乍一看，谁也看不出是假的。当然这是要花很多的钱了，不是一般的患者能做到的。所以这个百万富翁十分得意，逢人就夸耀。

有一次，这个富翁碰到了作家马克·吐温，见面就问："大文豪，您能猜得出来吗，我的哪只眼睛是假的？"

马克·吐温耐心地端详了一会，便指着他的左眼说："恐怕这只是假的。""真被他猜中了，难道我的假眼出现了什么破绽，让人一看便知？"这个富翁有些惊异和不安起来，不断地问："你怎么知道的？你的根据是什么？"

马克·吐温既好气又好笑，他十分平静地回答说："因为你这只眼睛里还有一点点慈悲。"

马克·吐温运用"间接中的"思考法，达到了嘲讽富翁的目的。"间接中的"思考法是指在思考过程中，考虑如何通过采取达到其他目的的手段来解决所面临的问题。在这个故事中，马克·吐温回答问题的思路不是个直道，如果是直道，应该从假眼装置上回答问题，但他从猜假眼中，另辟了蹊径，引入了“慈悲”这一概念，似乎有恭维之意；但慈悲又与“假”相连，这“恭维”就很耐人寻味了。

想做舞蹈家的皮尔·卡丹

1938年的冬天，一位16岁的英俊少年来到了法国首都巴黎，他雄心勃勃地要在这里实现自己的梦想：当一名让全世界人都为他喝彩的舞蹈家。

但事情并不像少年想象的那样简单。在找工作的日子里，他几乎跑遍了全巴黎，可因为他没有别的特长，很难找到让他挣大钱的机会。在走投无路的情况下，他想起了自己跟父亲学的裁缝手艺，就极不情愿地去了一家裁缝店，但裁缝店老板却告诉他，店里并不缺少人手。他苦苦哀求老板收下他，老板说：“收下你可以，但你的工资只能按学徒工的一半去计算，而且店里还要经常加班，活很累的，你如果能答应这些条件，就留下来干吧。”

到了这一步，少年不想回家去，就硬着头皮答应了裁缝店老板的苛刻条件。

可两个月还没干到底，少年就觉得难以忍受了，他不知这样干下去，什么时候才能实现自己的明星梦。他带着绝望的心情，冒昧地给当时人称“芭蕾音乐之父”的布德里教授写了一封信，把自己的苦闷告诉他，请求他无论如何帮帮自己。

信写好后，他又犹豫了，如果教授不理睬他，自己以后可该怎么办呢?

最后，他还是把信寄给了布德里教授，之后，每天焦急地等着教授的回信。

布德里教授是个非常平易近人的人，他很快就给少年回了信。教授在信中指出，学习舞蹈不仅仅需要极好的天赋，更重要的是需要金钱作后盾，如果你的家庭条件不是很好，就不要硬往这条路上挤了，那样，会毁了自己一生的。

教授还对他说：“如果你十分喜欢舞蹈这门艺术，可以先找一种适合自己的工作干，解决生存问题才是你目前最要紧的，等以后时机成熟了，再去学你热爱的舞蹈也不迟。”

虽然教授说得不错，但那毕竟是纸上谈兵，少年对前途仍然十分迷茫。

在一个夜晚，他独自一人去了一家酒吧，以期喝酒能解忧愁，也就是这个夜晚，少年偶尔遇到了一个人，她彻底改变了少年的命运。

正当少年喝得醉眼蒙眬时，一个很绅士的中年男子携夫人走了过来，盯着他一直在看，少年问那男子：“我的样子一定很滑稽。是吗?”

少年哪里知道，这名男子是一位伯爵，他对少年的话并不反感，而是“呵呵”地笑着，说：“孩子，你喝多了，还是回家去吧，你的父母一定在家等急了。”

少年很粗暴地拒绝了男子的好意，说：“我没有家，我愿意喝多少，碍你什么事了呢?”

这时，伯爵的夫人走到少年跟前，好奇地摸着他身上的衣服，露出了赞叹的眼神，很有兴趣问他：“孩子，你身上的衣服是从哪里买来的，很时尚的!”

少年答道：“这样的衣服还用去买吗?我随手就做得出来。”

伯爵夫人顿时发出惊讶的声音：“孩子，如果这衣服是你自己设计和裁剪的，我可以肯定地说，用不了多久，你就会成为服装界的佼佼者，不仅可以家产万贯，而且会成为全世界都羡慕的人!”

伯爵夫人的话，使少年的酒意一下子全醒了。在夫人说完此番话的那一刻，少年猛然醒悟了，他回味着夫人的话，觉得她说得太对了，他在想，其实最适合自己的事情，还是作裁缝，那不仅是自己最熟悉的行当，也能解决自己目前最紧迫的生存问题。

就在那一刻，少年决定：当一名优秀的裁缝，让自己亲手作的衣服，以自己的名字命名，让全世界的人都知道自己。

还有更让他惊喜的事情在后面呢，伯爵夫人问他：“愿不愿意我来帮你介绍一家时装店呢，那可是全巴黎最有名的服装店。”

10年之后，当时那个狂热的少年舞蹈迷，已经摇身一变成了举世闻名的服装设计巨匠。

他就是皮尔·卡丹。

当你在人生的十字路口即将要迷失方向时，正确的办法是，选择你最熟悉的那条路一直走下去。

诚实的华盛顿

乔治·华盛顾是美利坚合众国的奠基人，1789年当选为第一任总统。美国首都就是为纪念他的功绩而命名的。

华盛顿的父亲是大庄园主，家中有许多果园，果园里长满了果树，但也夹杂着一些杂树。一天，父亲给华盛顿一把斧头，要他把影响果树生长的杂树砍掉，而且他还再三叮嘱儿子，不要伤害一棵果树。

在果园里，华盛顿挥动斧子，不停地砍伐杂树，突然，他一不留神，砍倒了一棵苹果树，他又着急，又害怕，生怕被父亲知道。

傍晚，父亲来到了果园，尽管他已经知道了这件事，但却装作不知道的样子，故意问："你没有砍掉果树吧？"

听了父亲的问话，华盛顿想了一想，认真地对父亲说："我不说谎，爸爸，只怪我粗心，我砍倒了一棵苹果树。"

对于华盛顿的诚实，父亲感到十分欣慰，他对华盛顿说："砍掉了苹果树，你该受到批评，但是你没有说谎，我就原谅你了。这是因为，我宁可损失一百棵苹果树，也不愿听你说谎话!”

电视发明者贝尔德

1925年的一天，伦敦一家最大的百货店顾客盈门。一批又一批的顾客涌向店内两间相连的小室。据说有人发明了一种机器，能把接收到的图像再现出来。

观众们乘兴而来，但扫兴而归。因为他们看到的仅仅是模糊不清的影子和闪烁不定的轮廓。

“这不是吹牛吗?这叫什么图像。”

“追求广告效应，不讲真话，应该告这个所谓的发明者”。“不是他的错，是百货商店老板的馊主意”。

人们议论纷纷，有一些热心者则不断地向发明者追问:“你怎么不把图像弄清楚些呢?”“你能不能传一只动物什么的给我们看看?”

“对不起、对不起。目前的技术还没有办法。”发明家贝尔德在一边无奈而又尴尬地回答着人们的追问。

贝尔德是个不到20岁的英国青年，当时无线电技术已经广泛运用于通讯、广播了。世界上许多发明家，其中有最伟大的科学家和工程技术大师，都想发明能传播现场实况的电视机，但都没有成功。贝尔德却立志要发明电视机。

贝尔德在英格兰西南部的黑斯廷斯，建造了一个简陋的实验室。但他没有实验经费，只好用一只盥洗盆作框架，把它和一只破茶叶箱相连，箱上安装了一只从废物堆里捡来的电动机，它可转动用马粪纸做成的四周戳有小洞洞的“扫描圆盆”，还有装在旧饼干箱里的投影灯。几块透镜及从报废的军用电视机上拆下来的部件等等。这一切凌乱的东西被贝尔德用胶水、细绳及电线串联在一起，成了他发明机的实验装置。贝尔德知道电视机的原理：应该把要发送的场景分成许多小点儿，暗的或明的，再以电信号的形式发送出去，最后在接收的一端让它重现出来。

贝尔德在他简陋的实验室里年复一年地实验，他实验装置被装了又拆，拆了又装。经过十八年的努力，1924年春天，贝尔德成功地发射了一朵十字花。但发射的距离只有3米，图像也忽有忽无，只是一个轮廓。

为了找明图像不清晰的原因，贝尔德又开始了新一番试验。他想原因也许是电压不足？于是他把好几百个干电池连接起来。他接通了电路，可是不小心左手触到了一根裸露的连接线，高达2 000伏的电压立即把他击倒在地，他昏迷了过去。第二天的伦敦《每日快报》马上用大字标题报道了贝尔德触电的消息。贝尔德一时间成了英国的新闻人物。

贝尔德灵机一动，就利用报纸来为他筹集资金。他设法为记者们做了一次实物表演。一家小报作了通讯。伦敦的一家无线电老板闻讯赶来，表示愿意提供经费，但要收取发明的收益的一半份额。

贝尔德同意了这样苛刻的要求。他的实验装置从黑斯廷斯运到了伦敦。

但经费很快又用尽了。他的试验似无重大突破。

一家百货店的老板又来同他订立合同。每周付他25英镑。免费提供一切材料。但贝尔德必须在他商店门前操作表演。

现场表演又是失败。贝尔德生活日见艰难。没钱吃饭，没钱付房租。他只好忍痛把设备的零件卖掉，以此维持生活。他家乡的两个堂兄弟得知贝尔德陷入绝境后，给他寄来了500英镑。贝尔德得救了，他立即又投入试验。

成功的日子终于来到了。终日陪伴他的木偶头像“比尔”的脸部特征被清晰地显现在接收机上了。这一天是1925年10月2日清晨。

“成功了、成功了”贝尔德兴奋地喊叫着冲下楼。一把抓住一个店堂里的小伙子，拽他上楼，把他按在“比尔”的位置上。小伙子吓得直打哆嗦，但几秒钟后，他也吃惊地喊叫起来：“真是奇迹，真是奇迹。”因为贝尔德的“魔镜”里映出了他的脸。

贝尔德终于震惊英国，资助他的人纷纷涌来。贝尔德更新了设备。开始更大规模的试验。

1928年，贝尔德把伦敦传播室的人像传送到纽约的一部接收机上。

不久，又出现了新的奇迹。贝尔德把伦敦一位姑娘的图像传送给她正在远洋航行的未婚夫。

贝尔德的名字在全世界传开了。他申请在英国开创电视广播事业，但没有得到批准。但要求电视广播的人越来越多。这个问题提交给议会，经过激烈的长时间的辩论。议会决定了开展电视广播。

1936年秋，英国广播公司正式从伦敦播送电视节目。此时的贝尔德又开始埋头研究彩色电视。

1941年12月，贝尔德传送的首批完美的彩色图像获得成功。可惜的是贝尔德的实验室被希特勒的飞弹击毁了。但贝尔德重新开始研究。1946年6月的一天，英国广播公司开始播送彩色电视节目，但劳累过度的贝尔德却在这一天病倒了，没有收看他的研究结果。6天后，他离开了人世，终年58岁。

在英国南肯辛顿科学博物馆里，游人能看到贝尔德发明的第一架电视机，还有陪伴他多年的木偶比尔。比尔咧嘴笑着，仿佛在向游人诉说贝尔德的艰苦发明的故事，也好像在为贝尔德的成功而欢欣。

用脚趾写作的布朗

爱尔兰作家布朗，在他短暂的一生中创作了五部小说，三本诗集，从而成为爱尔兰最有名的诗人和小说家。这个一降生就全身不能动，只能用左脚趾打字的残疾人，创造了意志战胜病残的又一个奇迹。

克里斯蒂·布朗出生在都柏林一个贫苦人家里。布朗一出生就患了严重的大脑瘫痪症。到5岁时，他还不会走路，不会说话，头部、身体和四肢都不能自由活动。他父母见此十分着急，到处求医，都无济于事。就在布朗5岁那年，一天，他看见妹妹正在用粉笔写字，他忽然使劲地伸出左脚，将他妹妹手中的粉笔夹过去，在地上勾画起来。

就这样，小布朗以聪明的才智，以他的身残志不残、持之以恒，成功地学会了用左脚打字、画画，并开始写作诗文。

1954年，布朗21岁时，他出版了第一部自传体小说《我的左脚》。16年后，他又出版了另一部自传体小说《生不逢辰》。在这部小说中，他以真挚的感情、深刻的哲理、动人的故事和诗一般的语言震动了读者和文学界。不久，这本小说成为国际畅销书，还被摄制成电影。

1972年，他与一位爱尔兰姑娘结婚了。在他妻子的精心照料和帮助下，布朗的创作热情更加高涨。又出版了多部小说和三部诗集。布朗在临终前完成了他的最后一本小说《锦绣前程》的写作，该作品于1982年正式出版。

哭鼻子的大仲马

有一天，大仲马的一位好友前来拜访他，见他正独自坐在书桌前，双手抚摸着稿纸，低声抽泣着。朋友就坐在一旁的沙发上等，可等了好长一段时间，还不见他的情绪有所好转，就决定去劝劝自己的朋友。他拍了拍大仲马的肩膀，关心地问："亲爱的，到底发生了什么事，令你如此伤心?"

大仲马回头一看，见是好友来了，便把事情的原委诉说了一遍。原来，大仲马正在创作《三个火枪手》，最后由于故事情节发展的需要，其中的一个火枪手非死不可。可大仲马非常喜欢这个人物，想试图改变这个人物的命运，然而却无法做到。他一想到自己喜欢的英雄人物将被自己的笔杀死，而自己对此又无能为力时，就不由得伤心至极，流下了眼泪。

他的朋友听了他的诉说后，笑着对大仲马说："我的朋友，你可知道我已来了多久了……"

这时大仲马的一位仆人刚好从门口经过，听了这话也笑了，说道："先生，您不过来了四十五分钟，而主人却已经哭了好几个小时啦!"

看来写作有时是要动点真感情的，因为只有先感动了自己，才能感动别人。

哥伦布的信念

15世纪中叶的一个夏天，航海家哥伦布从海地岛海域向西班牙胜利返航。

经历了惊涛骇浪的船员都在甲板上默默祈祷：上帝呀，请让这和煦的阳光一直陪伴我们返回到西班牙吧。

但船队刚离开海地岛不久，天气就骤然变得十分恶劣了。天空布满乌云，远方电闪雷鸣，巨大的风暴从远方的海上向船队扑来。这是哥伦布航海史上遭遇的最大一次风暴，有几艘船已经被排浪打翻了，只一闪，便沉入了大海的深渊。船长悲壮地告诉哥伦布说：“我们将永远不能踏上陆地了。”

哥伦布知道，或许就要船毁人亡了，他叹口气对船长说：“我们可以消失，但资料却一定要留给人类。”哥伦布钻进船舱，在疯狂颠簸的船舱里，迅速地把最为珍贵的资料缩写在几面纸上，卷好，塞进一个玻璃瓶里并加以密封后，将玻璃瓶抛进了波涛汹涌的茫茫大海。

“有一天，这些资料一定会漂到西班牙的海滩上！”哥伦布自信而肯定地说。

“绝不可能！”船长说，“它可能会葬身鱼腹，也可能被海浪击碎，或许会深埋海底。”

哥伦布自信地说："或许一年两年，也许几个世纪，但它一定会漂到西班牙去，这是我的信念。上帝可以辜负生命，却绝不会辜负生命坚持的信念。"

幸运的是，哥伦布和他的大部分船只在这次空前的海上风暴里死里逃生。回到西班牙后，哥伦布和船长都不停地派人在海滩上寻找那个漂流瓶，但直到哥伦布离开这个世界时，漂流瓶也没有找到。

1856年，大海终于把那个漂流瓶冲到了西班牙的比斯开湾，而此时，距哥伦布遭遇的那场海上风暴，已经整整过去了三个多世纪。

"牛仔大王"李维斯

"牛仔大王"李维斯的西部发迹史中曾有这样一段传奇：当年他像许多年轻人一样，带着梦想前往西部追赶淘金热潮。

一日，突然间他发现有一条大河挡住了他前往西去的路。苦等数日，被阻隔的行人越来越多，但都无法过河。于是陆续有人向上游、下游绕道而行，也有人打道回府，更多的则是怨声一片。而心情慢慢平静下来的李维斯想起了曾有人传授给他的一个"思考制胜"的法宝，是一段话：太棒了，这样的事情竟然发生在我的身上，又给了我一个成长的机会。凡事的发生必有其因果，必有助于我。于是他来到大河边，“非常兴奋”地不断重复着对自己说：“太棒了，大河居然挡住我的去路，又给我一次成长的机会，凡事的发生必有其因果，必有助于我”。果然，他真的有了一个绝妙的创业主意——摆渡。没有人吝啬一点小钱坐他的渡船过河，迅速地，他人生的第一笔财富居然因大河挡道而获得。

一段时间后，摆渡生意开始清淡。他决定放弃，并继续前往西部淘金。来到西部，四处是人，他找到一块合适的空地方，买了工具便开始淘起金来。没过多久，有几个恶汉围住他，叫他滚开，别侵犯他们的地盘。他刚理论几句，那伙人便失去耐心，一顿拳打脚踢。无奈之下，他只好灰溜溜地离开。好不容易找到另一处合适地方，没多久，同样的悲剧再次重演，他又被人轰了出来。在他刚到西部那段时间，多次被欺侮。终于，最后一次被人打完之后，看着那些人扬长而去的背影，他又一次想起他的“思考制胜”法宝：太棒了，这样的事情竟然发生在我的身上，又给了我一次成长的机会，凡事的发生必有其因果，必有助于我。他真切地、兴奋地反复对自己说着，终于，他又想出了另一个绝妙的主意——卖水。

西部黄金不缺，但似乎自己无力与人争雄；西部缺水，可似乎没什么人能想到它。不久他卖水的生意便红红火火。慢慢地，也有人参与了他的新行业，再后来，同行的人已越来越多。终于有一天，在他旁边卖水的一个壮汉对他发出通牒：“小个子，以后你别来卖水了，从明天早上开始，这儿卖水的地盘归我了。”他以为那人是在开玩笑，第二天依然来了，没想到那家伙立即走上来，不由分说，便对他一顿暴打，最后还将他的水车也一起拆烂。李维斯不得不再次无奈地接受现实。然而当这家伙扬长而去时，他却立即开始调整自己的心态，再次强行让自己兴奋起来，不断对自己说着：太棒了，这样的事情竟然发生在我的身上，又给我一次成长的机会，凡事的发生必有其因果，必有助于我。他开始调整自己注意的焦点。他发现来西部淘金的人，衣服极易磨破，同时又发现西部到处都有废弃的帐篷，于是他又有了一个绝妙的好主意——把那些废弃的帐篷收集起来，洗洗干净，就这样，他缝成了世界上第一条牛仔裤！从此，他一发不可收拾，最终成为举世闻名的“牛仔大王”。

福特的人才观

什么是真正的教育呢？美国曾经发生了一单官司，由汽车大王亨利·福特，向一间报馆提出了控诉。亨利·福特是将汽车变为大众化的一位传奇人物，以前的汽车，是高级分子的专有玩物。

亨利·福特有见及此，认为汽车这种东西，可以凭着流水作业生产方法而降低成本。结果，福特做到了，他建立了福特车厂，并成为美国人的民族英雄。

福特是一位白手兴家的人，真是不招人忌是庸才，名成利就之后，招惹了不少是非，其中一项，是一位记者讲福特先生是一位不学无术的人。这么一句说话，触怒了福特先生，于是双方对簿公堂。

在法庭上，为了证明福特先生有无学问，主审法官做了一个问答比赛形式的考试，测验福特先生是否一名真正不学无术的人。面对着这种小学生游戏，问些好像：X加Y等于几多的问题，令福特先生啼笑皆非。

福特先生教训他们，这类死记知识游戏，自己的手下有大把专业人才，只要一按桌头的掣，便得到正确的答案。

懂得答题目的人，不算有学问，因为这类学问帮不到成千上万的人改善生活。福特先生借此告诉世人，什么是真正的学问，真正有学问的人要有一定的胸襟。

这种胸襟，是包容万物的量度，能容纳别人长处的人，才懂得将别人的优点配合起来，发挥作用。

读书人和商人以及政治家的分别，便在这里，越有学问的人，越有偏见，越排斥别人，越不能合群，只有从商从政的人，明白世界在变，天下间没有一成不变的道理，他们懂得借助别人的长处，糅合以为已用，这便是“知人善用”的功夫了。

同时，真有知识的人，懂得运用知识赋予的权力，改善生活。社会在变，世界在进步。真正的知识，是在于拿捏住变和进步的关键地方，将自己改变了，以求适应社会所需。

诚实守信的司各特

英国著名的小说家瓦尔特·司各特是一个诚实守信的人，虽然他很贫穷，但是人们都很尊敬他。

司各特为人正直，他的一个朋友看见他的生活很困难，就帮他办了一家出版印刷公司，可是他不善于经营，不久就倒闭破产了。这使原本就很贫穷的作家又背上了六万美元的债务包袱。

司各特的朋友们商量，要凑足够的钱帮助他还债。司各特拒绝了，说："不，凭我自己这双手我能还清债务。我可以失去任何东西，但唯一不能失去的就是信用。"

为了还清他的债务，他像拉板车的老黄牛一样努力工作，他的朋友们都非常佩服他的勇气，都说他是一个真正的男子汉，是一个正直高尚的人。

当时的很多家报纸都报道了他的企业倒闭的消息，有的文章中充满了同情和遗憾。他把这些文章统统扔到火炉里，他在心里对自己说："瓦尔特·司各特不需要要怜悯和同情，他有宝贵的信用和战胜生活的勇气。"

在那以后他更加努力地工作，学会了许多以前不会干的活，经常一天跑几个单位，变换不同的工作，人累得又黑又瘦。

有一次，他的一个债主看了司各特写的小说后，专程跑来对他说："司各特先生，我知道您很讲信用，但是您更是一个很有才华的作家，您应该把时间更多地花在写作上，因此我决定免除您的债务，您欠我的那一部分钱就不用还了。"

司各特说："非常感谢您，但是我不能接受您的帮助，我不能作没有信用的人。"

这件事之后，他在日记本里这样写道："我从来没有像现在这样睡得这样踏实和安稳。我的债主对我说，他觉得我是一个诚实可靠的人，他说可以免掉我的债务，但我不能接受。尽管我的前方是一条艰难而黑暗的路，但却使我感到光荣，为了保全我的信誉，我可能困苦而死，但我却死得光荣。"

由于繁重的劳动，司各特曾经病倒过。在病中，他经常对自己说："我欠别人的债还没还清呢，我一定要好起来，等我赚了钱，还了债，然后再光荣而安详的死。"

这种信念使司各特很快从病中康复了过来。两年后他靠自己的劳动还清了债务。

牛顿成功的秘诀

被誉为近代科学开创者的牛顿，在科学上做出了巨大贡献。他的三大成就——光的分析、万有引力定律和微积分学，对现代科学的发展奠定了基础。

牛顿为什么能在科学上获得巨大成就？他怎样由一个平常的人成为一个伟大的科学家？要回答这些问题，我们不禁要联想到他刻苦学习和勤奋工作的几个故事。

一谈到牛顿，人们可能认为他小时候一定是个“神童”“天才”，有着非凡的智力。其实不然，牛顿童年身体瘦弱，头脑并不聪明。在家乡读书的时候，很不用功，在班里的学习成绩属于次等。但他的兴趣却是广泛的，游戏的本领也比一般儿童高。平时他爱好制作机械模型一类的玩意儿，如风车、水车、日晷等等。他精心制作的一只水钟，计时较准确，得到了人们的赞许。

有时，他玩的方法也很奇特。一天，他作了一盏灯笼挂在风筝尾巴上。当夜幕降临时，点燃的灯笼借风筝上升的力升入空中。发光的灯笼在空中流动，人们大惊，以为是出现了彗星。尽管如此，因为他学习成绩不好，还是经常受到歧视。

当时，封建社会的英国等级制度很严重，中小学里学习好的学生，可以歧视学习差的同学。有一次课间游戏，大家正玩得兴高采烈的时候，一个学习好的学生借故踢了牛顿一脚，并骂他笨蛋。牛顿的心灵受到这种刺激，愤怒极了。他想，我俩都是学生，我为什么受他的欺侮？我一定要超过他！从此，牛顿下定决心，发愤读书。他早起晚睡，抓紧分秒、勤学勤思。

经过刻苦钻研，牛顿的学习成绩不断提高，不久就超过了曾欺侮过他的那个同学，名列班级前茅。

世界上有许多著名的科学家的家境是清贫的。他们在通往成功的道路上，都曾与困苦的境遇作过顽强的斗争。牛顿少年时代的境遇也是十分令人同情的。

牛顿1642年出生在英国一个普通农民的家里。在牛顿出生前不久，他的父亲就去世了。母亲在他两岁那年改嫁了。当牛顿14岁的时候，他的继父不幸故去了，母亲回到家乡，牛顿被迫休学回家，帮助母亲种田过日子。母亲想培养他独立谋生，要他经营农产品的买卖。

一个勤奋好学的孩子多么不愿意离开心爱的学校啊！他伤心地哭闹了几次，母亲始终没有回心转意，最后只得违心地按母亲的意愿去学习经商。每天一早，他跟一个老仆人到十几里外的大镇子去做买卖。牛顿非常不喜欢经商，把一切事务都交托老仆人经办，自己却偷偷跑到一个地方去读书。

时光渐渐流逝，牛顿越发对经商感到厌恶，心里所喜欢的只是读书。后来，牛顿索性不去镇里经商了，仅嘱老仆人独去。怕家里人发觉，他每天与老仆人一同出去，到半路停下，在一个篱笆下读书。每当下午老仆人归来时，再一同回家。

这样，日复一日，篱笆下的读书生活倒也其乐无穷。一天，他正在篱笆下兴致勃勃地读书，赶巧被过路的舅舅看见。舅舅一看这个情景，很是生气，大声责骂他不务正业，把牛顿的书抢了过来。舅舅一看他所读的是数学书，上面画着种种记号，心里很是感动。舅舅一把抱住牛顿，激动地说："孩子，就按你的志向发展吧，你的正道应该是读书。"

回到家里后，舅舅竭力劝说牛顿的母亲，让牛顿弃商就学。在舅舅的帮助下，牛顿如愿以偿地复学了。

时间对人是一视同仁的，给人以同等的量，但人对时间的利用不同，而所得的知识也大不一样。

牛顿16岁时数学知识还很肤浅，对高深的数学知识甚至可以说是不懂。“知识在于积累，聪明来自学习”。牛顿下决心靠自己的努力攀上数学的高峰。在基础差的不利条件下，牛顿能正确认识自己，知难而进。他从基础知识、基本公式重新学起，扎扎实实、步步推进。他研究完了欧几里得几何学后，又研究笛卡儿几何学，对比之下觉得欧几里得几何学肤浅，便悉心钻研笛氏几何学，直到掌握要领、融会贯通。遂之发明了代数二项式定理。传说中牛顿“大暴风中算风力”的佳话，可为牛顿身体力学的佐证。

有一天，天刮着大风暴。风撒野地呼号着，尘土飞扬，迷迷漫漫，使人难以睁眼。牛顿认为这是个准确地研究和计算风力的好机会。于是，便拿着用具，独自在暴风中来回奔走。他踉踉跄跄、吃力地测量着。几次沙尘迷了眼睛，几次风吹走了算纸，几次风使他不得不暂停工作，但都没有动摇他求知的欲望。他一遍又一遍，终于求得了正确的数据。他高兴极了，急忙跑回家去，继续进行研究。有志者事竟成。经过勤奋学习，牛顿为自己的科学高塔打下了深厚的基础。不久，牛顿的数学高塔就建成了，22岁时发明了微分学，23岁时发明了积分学，为人类科学事业做出了巨大贡献。

牛顿23岁时，鼠疫流行于伦敦。剑桥大学为预防学生受传染，通告学生休学回家避疫，学校暂时关闭。牛顿回到故乡林肯郡乡下。在乡下度过的休学日子里，他从没间断过学习和研究。万有引力、微积分、光的分析等发明的基础工作，都是此期间完成的。

那时，乡下的孩子是常常用投石器打几个转转之后，把石抛得很远。他们还可以把一桶牛奶用力从头上转过，而牛奶不掉下来。

这些事实使他怀疑起来：什么力量使投石器里面的石头，以及水桶里的牛奶不掉下来呢？对于这个问题，他曾想到刻卜勒和伽利略的思想。他从浩瀚的宇宙太空，周行不息的行星，广寒的月球，直至庞大的地球，进而想到这些庞然大物之间力的相互作用。这时，牛顿一头扎进“引力”的计算和验证中了。牛顿计划用这个原理验证太阳系各行星的行动规律。他首先推求月球距地球的距离，由于引用的资料数据不正确，计算的结果错了。因为依理推算月球围绕地球转，每分钟的向心加速度应是16米，但据推算仅得13.9米。在失败的困境中，牛顿毫不灰心和气馁，反而以更大的努力进行辛勤地研究。整整经过了7个春秋寒暑，到30岁时终于把举世闻名的“万有引力定律”全面证明出来，奠定了理论天文学、天体力学的基础。

这时期牛顿还对光学进行了研究，发现了颜色的根源。一次，他在用自制望远镜观察天体时，无论怎样调整镜片，视点总是不清楚。他想，这可能与光线的折光有关。接着就实验起来。他在暗室的窗户上留一个小圆孔用来透光，在室内窗孔后放一个三棱镜，在三棱镜后挂好白屏接受通过三棱镜折进的光。结果，大出意外，牛顿惊异地看到，白屏上所接受的折光呈椭圆形，两端呈现出多彩的颜色来。对这个奇异的现象，牛顿进行了深入的思考。得知光受折射后，太阳的白光散为红、橙、黄、绿、蓝、靛、紫7种颜色。因此，白光（阳光）是由红、橙、黄、绿、蓝、靛、紫7色光线汇合而成。自然界雨后天晴，阳光经过天空中余围的雨滴的折射、反射，形成五彩缤纷的虹霓，正是这个道理。

经过进一步研究，牛顿指出世界万物所以有颜色，并非其自身有颜色。太阳普照万物，各物体只吸收它所接受的颜色，而将它所不能接受的颜色反射出来。这反射出来的颜色就是人们见到的各种物体的颜色。这一学说准确地道出颜色的根源，世界上自古以来所出现的各种颜色学说都被它所推翻。

牛顿所以能取得如此巨大的成就，早年苦学所打下的深厚数学基础起了重要作用。

在一个崎岖的山路上，一位白发苍苍的老人牵着一匹马在缓缓登山。人在前面慢慢地走，马在后面一步步地跟，山谷中响着单调的马蹄声。走啊，走啊，马突然脱缰而跑，老人由于沉浸在极度的思索之中，竟没有发觉。老人依然不畏艰难地登着山，手里还牵着那根马缰绳。当他登到较平坦的地方想要骑马时一拉缰绳，拽到面前的只是一根绳，回头一看马早已没有了。

牛顿每天除抽出少量的时间锻炼身体外，大部分时间是在书房里度过的。一次，在书房中，他一边思考着问题，一边在煮鸡蛋。苦苦地思索，简直使他痴呆。突然，锅里的水沸腾了，赶忙掀锅一看，“啊！”他惊叫起来，锅里煮的却是一块怀表。原来他考虑问题时竟心不在焉地随手把怀表当作鸡蛋放在锅里了。

还有一次，牛顿邀请一位朋友到他家吃午饭。他研究科学入了迷，把这件事忘了。他的用人照例只准备了牛顿一个人吃的午饭。临近中午，客人应邀而来。客人看见牛顿正在埋头计算问题，桌上、床上摆着稿纸、书籍。看到这种情形，客人没有打搅牛顿，见桌上摆着饭菜，以为是给他准备的，便坐下吃了起来。吃完后就悄悄地走了。当牛顿把题计算完了，走到餐桌旁准备吃午饭时，看见盘子里吃过的鸡骨头，恍然大悟地说：“我以为我没有吃饭呢，我还是吃了。”

这些故事究竟是真是假，并不关重要，不过表明了牛顿是一个怎样沉思默想，不修边幅，虚已敛容的人，他对科学极度的专心，总是想着星辰的旋转，宇宙的变化，而进入了忘我的境界。

“宽阔的河流平静，学识渊博的人谦虚。”凡是对人类发展做出巨大贡献的伟大人物，都有谦虚的美德。牛顿每当在科学上获得伟大成就时，从不沾沾自喜，自以为很了不起，急忙出版著作，以扬名于世。

当牛顿费尽心血算出“万有引力定律”后，没有急于发表。而是继续孜孜不倦地深思了数年，研究了数年，埋头于数字计算之中，从未对任何人讲过一句。后来，牛顿的朋友，大天文学家哈雷（彗星的发现者），在证明一个关于行星轨道的规律遇到困难时，专程登门请教牛顿。牛顿把自己关于计算“万有引力”的书稿交给哈雷看。哈雷看后才知道他所要请教的问题，正是牛顿早已解决、早已算好了的问题，心里钦羡不已。

在1684年11月某一天，哈雷又到牛顿的寓所拜访。当谈到有关天文学的学术问题时，牛顿拿出写好的关于论证“万有引力”的论文，请哈雷提意见。哈雷看后，对这一巨著感到非常惊讶。他欣喜地对牛顿说：“这真是伟大的论证、伟大的著作！”他再三奉劝牛顿尽快发表这部伟大著作，以造福于人类。可是牛顿没有听信朋友的好意劝告，轻易地发表自己的著作。而是经过长时间的一丝不苟的反复验证和计算，确认正确无误后，才于1687年7月将《自然哲学的数学原理》发表于世。

牛顿是个十分谦虚的人，从不自高自大。曾经有人问牛顿：“你获得成功的秘诀是什么?”牛顿回答说：“假如我有一点微小成就的话，没有其他秘诀，唯有勤奋而已。”他又说：“假如我看得远些，那是因为我站在巨人们的肩上。”这些话多么意味深长啊！它生动地道出牛顿获得巨大成就的奥妙所在，这就是在前人研究成果的基础上，以献身的精神，勤奋地创造，开辟出科学的新天地。

坚持到底的史泰龙

大家都知道，史泰龙当时拍一部电影的片酬高达2000万美金。世界篮球天王迈克尔·乔丹那时候签下一个合约，也不过2500万美金。大家都在谈，迈克尔·乔丹值不值这个钱？

史泰龙拍电影，就在那里打打拳，这样“秀”一下他的肌肉，2000万美金一部片子，好像比迈克尔·乔丹还要更好赚一点。可是没有人会怀疑史泰龙可以赚这样的钱。

当安东尼·罗宾访问史泰龙时，他说：“史泰龙，我已经听过所有成功的故事，我见过世界上最成功的人士，包括总统，包括元首，包括女王，包括领袖、企业家、诺贝尔和平奖的得主特丽莎修女、曼德拉……这些我都访问过，史泰龙，你到底是如何成功的？你可不可以给我一些不一样的成功故事？”

史泰龙开始跟他讲，说他那个时候下定决心，一定要从事演艺事业。可是一直找不到这份工作，所以史泰龙每一天都没有什么饭吃。

那个时候史泰龙养了一只小狗，他的小狗也没有饭吃。你知道让你的狗没有饭吃，你会有什么感觉？那种感觉好像不是很好。

史泰龙自己可以不吃饭，小狗如何每一天不吃饭跟着他？

可是史泰龙下定一个决心，他告诉自己说："假如我没有找到一份有关演艺事业的工作，我拒绝去打任何一份临时的工作来养活我自己。我拒绝！"

这就是他强烈的意志力！

史泰龙到最后必须把他的狗卖掉，因为他没有能力去养他的狗。连狗都养不起的话，你知道他可能天天喝西北风。直到他找到一份演艺事业的工作。

这就是史泰龙坚持到底的决心。